A SABEDORIA
DA NATUREZA

Dados Internacionais de Catalogação na Publicação (CIP)
(Câmara Brasileira do Livro, SP, Brasil)

Otsu, Roberto
  A sabedoria da natureza : Taoísmo, I Ching, Zen e ensinamentos essênios / Roberto Otsu. 6. ed. — São Paulo : Ágora, 2019.

Bibliografia.
ISBN 978-85-7183-020-2

1. Essênios – Ensinamentos 2. I Ching 3. Taoísmo 4. Zen-Budismo 5. Filosofia oriental I. Título.

06-5968   CDD-181

Índice para catálogo sistemático:

1. Filosofia oriental   181

Compre em lugar de fotocopiar.
Cada real que você dá por um livro recompensa seus autores
e os convida a produzir mais sobre o tema;
incentiva seus editores a encomendar, traduzir e publicar
outras obras sobre o assunto;
e paga aos livreiros por estocar e levar até você livros
para a sua informação e o seu entretenimento.
Cada real que você dá pela fotocópia não autorizada de um livro
financia um crime
e ajuda a matar a produção intelectual em todo o mundo.

A SABEDORIA DA NATUREZA

Taoismo, I Ching, Zen
e ensinamentos essênios

"É certo assim"

ROBERTO OTSU

EDITORA
ÁGORA

A SABEDORIA DA NATUREZA
Taoismo, I Ching, Zen e ensinamentos essênios
Copyright © 2006 by Roberto Otsu
Direitos desta edição reservados por Summus Editorial

Editora executiva: **Soraia Bini Cury**
Assistente de produção: **Claudia Agnelli**
Ilustrações: **Lee Man Tse Kuk**
Capa: **Sylvia Mielnik e Nelson Mielnik**
Projeto gráfico e diagramação: **Acqua Estúdio Gráfico**

1ª reimpressão, 2020

Editora Ágora
Departamento editorial
Rua Itapicuru, 613 – 7º andar
05006-000 – São Paulo – SP
Fone: (11) 3872-3322
http://www.editoraagora.com.br
e-mail: agora@editoraagora.com.br

Atendimento ao consumidor
Summus Editorial
Fone: (11) 3865-9890

Vendas por atacado
Fone: (11) 3873-8638
e-mail: vendas@summus.com.br

Impresso no Brasil

Este livro é dedicado ao meu pai, Yukuo, e à minha mãe, Kimico, por terem me ensinado, sem palavras, as coisas mais importantes da vida.

Agradecimentos

Minha gratidão aos mestres do passado e do presente, fontes de onde posso beber da mais cristalina sabedoria. Minha vida não seria a mesma sem as sábias palavras de Lao-Tsé, Confúcio, Chuang-Tsé, Su Tungpo, Heráclito, Lin Yutang, Osho, D. T. Suzuki, C. G. Jung e tantos outros que eu não conseguiria relacionar aqui.

Agradeço à Ma Dhyan Bhavya e à Ma Deva Suvalia, do Hotel Ponto de Luz (primeiro hotel holístico do Brasil), por terem me aberto as portas para novas atividades profissionais que, passados quase dez anos, resultaram nestas páginas.

Também não poderia deixar de registrar minha gratidão às pessoas que assistiram às palestras e aos cursos de Taoismo e *I Ching* que tenho ministrado, e às pessoas que me confiaram questões pessoais nos atendimentos de *I Ching*. Com cada uma dessas pessoas tive (e tenho) a oportunidade, o desafio e a necessidade de aprender mais, e de refletir sobre o sentido de missão de vida.

Obrigado às pessoas que vez ou outra me sugeriram que eu publicasse um livro. Agradeço à Edith M. Elek, da Editora Ágora, pelo convite para que eu tornasse concreta essa sugestão.

Esses incentivos foram fundamentais para que eu compilasse este pequeno conjunto de conceitos e sentimentos dos sábios de várias épocas e lugares. Sempre é um prazer compartilhar esses conteúdos nas aulas, palestras e consultas, e o livro só aumenta minha satisfação.

À mestra Lee Man Tse Kuk, agradeço pelas pinturas e pelos ideogramas que ilustram esta obra.

Obrigado à Cristina Shimamura pela presença amiga e pela leitura dos primeiros originais.

Meu reconhecimento à amiga e sócia Júlia Takeda pela compreensão e pelo apoio silencioso e sincero neste meu momento de vida.

E, finalmente, meu agradecimento a você, amigo leitor, amiga leitora, pois foi pensando em pessoas como você, que se preocupam com a sabedoria, o crescimento e a paz interior, que este livro foi escrito. Se esta obra conseguir ser uma boa semente ou uma água refrescante na sua alma, vou me sentir feliz e realizado.

Roberto Otsu, verão de 2006.

SUMÁRIO

Apresentação	11
Nota do autor	13
Introdução	15
O mestre do primeiro mestre	16
Capítulo 1: AS LIÇÕES DAS ESTAÇÕES	19
Significado das estações	20
A mutação	22
Os ciclos	25
A impermanência	28
Capítulo 2: AS LIÇÕES DA ÁGUA	31
A água vai pelo caminho mais fácil	32
A água não briga com os obstáculos	37
A água se acumula até encontrar a borda mais baixa	41
O que mantém a vida da água é o fluxo	44
O oceano é grande porque fica no lugar mais baixo	49
Existe uma única água no mundo	54
Capítulo 3: AS LIÇÕES DO BAMBU	59
O bambu enraíza-se bem fundo antes de crescer fora da terra	60
O bambu cresce reto e satisfeito com seu espaço	69
O bambu é uma planta muito simples	76
O bambu tem divisões que garantem a resistência	78
O bambu curva-se no vendaval para não quebrar	84
A maior qualidade do bambu é o vazio interior	91
Capítulo 4: AS LIÇÕES DA ÁRVORE	103
Goiabeira dá goiaba	104
A copa não existe sem a raiz	113
As folhas caem, o tronco fica	125

O tronco cresce em camadas... 132
A fruta cai no chão para gerar uma nova árvore............ 145
A árvore começa com a semente..................................... 153

Capítulo 5: AS LIÇÕES DO CÉU... 167
O dia tem sombras e a noite tem a luz dos astros........... 168
Não existe separação entre dia e noite.......................... 181
A noite é a realidade do universo................................... 198
Estrelas são direções e não metas.................................. 206
O movimento do Sol é aparente..................................... 214
A luz do Sol incide sobre tudo....................................... 223

Leituras recomendadas.. 237

Apresentação

Nesses tempos em que é difícil entender a lógica dos fatos e acompanhar a aceleração das mudanças, encontrar um livro como este não é mera coincidência, mas sim, um toque de despertar. Preciso e precioso, ele propõe olhar a vida de uma perspectiva mais simples e nos devolve a consciência de que nós também fazemos parte da Natureza. Por isso, podemos aproveitar todas as lições que Ela – a mais sábia de todos os sábios – generosamente nos oferece.

Com a liberdade de quem tem raízes bem nutridas pelo conhecimento e pelo prazer da observação, Roberto Otsu constrói seu pensamento baseado nos poemas orientais, em obras fundamentais (como o *Tao Te Ching* e o *I Ching – O livro das mutações*) e em sua experiência pessoal. Com todos os fios encontrados ao longo de mais de uma década de busca, o autor tece sua trama original e vai traduzindo, como quem conversa com um amigo, os conselhos que vêm da água, do bambu, das árvores, das estações do ano. Em um grande dilema amoroso, por que não seguir o exemplo da água e procurar o caminho mais fácil, o que demanda menos esforço? No meio de uma crise profissional, por que não usar a mesma flexibilidade presente no bambu? Diante de uma perda, em vez da amargura e do desespero, por que não aceitar que tudo é impermanente e que a vida continua, trazendo "sempre a primavera, mas nunca as mesmas flores"?

Para quem já conhece as tradições orientais, *A sabedoria da natureza* é uma síntese tocante e atual. Para aqueles que ainda não foram apresentados a essa sutil visão de mundo, o livro instiga a busca do conhecimento e aponta caminhos para incluir nas atitudes cotidianas a compaixão, a delicadeza e a paciência – antídotos infalíveis contra todas as doenças da ansiedade.

Seja como escritor, palestrante ou consultor de *I Ching*, Roberto Otsu faz de sua atuação a genuína resposta a um chamado interno, que o convoca a usar seu talento e sua integridade para transmitir esse conhecimento, essa joia cravejada de sementes. Lançado na primavera de 2006, *A sabedoria da natureza* é um livro-flor que desabrocha no tempo certo, anunciando a vinda de muitos frutos para todos os que forem tocados por sua mensagem transformadora.

Liliane Oraggio Cocchiaro
Jornalista, editora de comportamento
da revista *Marie Claire*

Nota do autor

Na antiga cosmovisão chinesa, existe "algo" profundo e misterioso que rege todos os fenômenos do universo, algo que tem suas próprias leis, seus próprios princípios e é chamado de *Tao*.

Não existe sinônimo para o conceito de *Tao* no Ocidente, mas alguns estudiosos arriscaram termos como *Caminho* (que é sua tradução literal e neutra), *Curso, Direção, Sentido, Lei Universal, Inteligência Cósmica, Logos, Leis Naturais*, e outros. Um ou outro autor chegou até a associar *Tao* à Divindade, comparação esta que gera muita controvérsia. De qualquer forma, pelas tentativas de tradução mencionadas, é possível intuir sobre qual realidade os chineses se referiam ao usar a palavra *Tao*.

É importante lembrar que os próprios mestres taoistas da antiguidade relutavam em adotar essa palavra. Para os sábios, o verdadeiro *Tao* é impossível de ser conhecido, é insondável, inalcançável, transcende toda a capacidade humana de compreensão. Lao-Tsé, autor da mais importante obra taoista da Antiga China, o *Tao Te Ching*, começa seu livro com uma frase conclusiva: "O *Tao* que pode ser definido não é o verdadeiro *Tao*". Para ele, *Tao* é uma intuição, um mistério e não uma definição.

Talvez o leitor familiarizado com conteúdos orientais estranhe a ausência da palavra *Tao* no corpo do presente livro. A opção de evitar essa palavra se deve ao fato de esta obra não pretender ser mais do que uma introdução à percepção lírica e intuitiva da Natureza que se encontra em várias civilizações, de várias épocas, e não só no Taoismo. Contudo, é inegável que a China é uma das civilizações que mais contribuíram com ensinamentos originados da contemplação da Natureza, razão pela qual o livro faz constantes referências ao pensamento taoista.

Para permitir uma aproximação com o espírito oriental, a palavra *Natureza* é empregada aqui, em alguns casos, como correspondente ao conceito de *Tao*. Mesmo que Natureza esteja longe de ser uma tradução do antigo conceito chinês, ela atende aos objetivos deste livro, uma vez que seu significado é abrangente e de fácil compreensão por todas as pessoas, quer sejam leigas ou iniciadas. O autor tem consciência da limitação e da imprecisão da correspondência desses conceitos e espera contar com a condescendência dos iniciados e dos acadêmicos por essa licença.

Introdução

Havia um cachorro que latia a toda hora e o dono vivia dizendo: "Cão que late não morde!" Um dia, um amigo disse-lhe: "Então explique isso pro seu cachorro, porque ele acabou de me morder".

O MESTRE DO PRIMEIRO MESTRE

A Natureza é o que é. Ela não dá a mínima importância às teorias criadas pelo homem. Tudo na Natureza funciona como deve funcionar, à revelia de todos os conceitos e explicações, por mais elegantes ou complexos que sejam.

Para os antigos povos orientais, especialmente para os taoistas, a Natureza era um grande mistério, algo inexplicável. Mas não se angustiavam por isso. Ainda hoje, para as pessoas contemplativas, o mistério é a própria resposta. Elas não criam teorias nem explicações complicadas, apenas aceitam que as verdades essenciais são inalcançáveis à mente humana. Entendem que o fato em si é mais importante do que os conceitos. A realidade vale por si só. Desde a antiguidade, os sábios taoistas afirmam a realidade, afirmam o mistério. Dizem que é para isso que o mistério existe: para ser mistério. E é por essa razão que eles se sentem maravilhados com a perfeição que existe em cada detalhe e em cada movimento da Natureza. Para eles, a Natureza deve ser respeitada como algo sagrado porque pela sua observação atenta pode-se apreender – e aprender – a sabedoria que existe na sua manifestação.

Os antigos chineses diziam que a Natureza é sábia. Por isso, afirmavam que ser sábio é seguir as leis da Natureza, fundamentalmente porque o próprio homem é fruto dela. Tinham consciência de que, quando o ser humano surgiu na face da Terra, a Natureza já existia e, junto com ela, as suas leis e a sua "sabedoria". Para eles, isso é fato e qualquer especulação que ultrapassa essa realidade é desnecessária. Se perguntarmos a um sábio chinês: "Quando surgiu a Natureza?", é provável que ele responda: "Não sei. Eu não estava lá!"

A Natureza faz os fenômenos acontecerem de modo integrado e todas as coisas se encaixam num sistema lógico, num encadeamento infinito e perfeito. Os fenômenos da Natureza se interconectam de modo dinâmico, numa teia em que nada, absolutamente nada, fica de fora. Nada escapa às leis e ao movimento da Natureza. Tudo está dentro da Natureza e faz parte de um processo em que todos os elementos cumprem seu papel.

Cada átomo, cada grão de areia, cada gota de chuva, cada fio de cabelo, cada célula, cada peixe, cada rio, cada oceano, cada planeta, cada galáxia, tem sua razão de existir. Cada uma dessas coisas, não importa o tamanho ou onde se encontra, surgiu da Natureza, é regida pelas mesmas leis e constitui parte integrante de um tecido único e complexo que é o universo.

Ensinamentos da natureza

Pode-se confiar na Natureza. Ela é o todo. Tudo é parte da Natureza. Ela faz tudo e equilibra tudo nos mínimos detalhes. A

Natureza cuida de tudo e o melhor que temos a fazer é não atrapalhar e não tentar controlá-la. O ser humano, a despeito de sua pretensão, não tem controle de quase nada. Ninguém "se nasce", "se cresce", ou "se envelhece". Ninguém controla por vontade própria a digestão, os batimentos cardíacos, a dilatação da pupila, o crescimento das unhas ou dos fios de cabelo. E todos os outros aparentes controles cotidianos não significam nada diante do universo. O escritor George Patrão costuma dizer em suas palestras: "Nós controlamos, no máximo, 10% da nossa vida. Sobre os outros *100%* nós não temos controle nenhum".

A Natureza nos oferece lições preciosas em todos os lugares, a todo momento. Basta prestar atenção e observar com reverência o que ocorre à nossa volta, assim como se reverencia a um velho e sábio mestre.

O objetivo deste livro é apresentar uma amostra da sabedoria que a humanidade desenvolveu ao contemplar os fenômenos naturais. Essas lições da Natureza podem ser encontradas aqui e acolá, entre outros lugares, nas páginas de antigos textos orientais. O *I Ching – O livro das mutações*, do qual foram extraídos vários dos ensinamentos da Natureza contidos aqui, é um texto chinês que tem sido usado como fonte de inspiração e sabedoria há mais de três mil anos. No presente livro, foram usadas citações da versão brasileira do *I Ching – O livro das mutações*, do sinólogo alemão Richard Wilhelm.

Outro importante livro que faz paralelos entre o movimento da Natureza e o comportamento de um sábio é o *Tao Te Ching*, de cerca de 2.500 anos, atribuído ao sábio Lao-Tsé.

Além desses livros escritos na Antiga China, existem textos inspiradores de outras culturas como os dos antigos essênios dos quais também se podem garimpar muitos ensinamentos da Natureza. Para as pessoas interessadas em aprofundar os conteúdos apresentados ao longo destas páginas, existe uma relação de obras recomendadas no último capítulo.

E, claro, também encontramos sabedoria fora dos registros literários: na cultura popular, nos ditados do homem do campo e dos povos indígenas, que sempre tiveram a Natureza como referência.

Esses ensinamentos "naturais" são frutos da sabedoria da humanidade e são seguidos no mundo inteiro por aqueles que procuram inspirações no momento de decidir algo importante ou como caminhos de reflexão diante das questões do dia a dia.

Nesse tipo de sabedoria, encontramos pensamentos retirados dos textos da Antiga China como: "A água vai pelo caminho mais fácil", "O bambu curva-se no vendaval para não quebrar", "Sempre a primavera, nunca as mesmas flores". Ou, ainda, a divertida e não menos profunda frase falada pelos peões de alguns estados brasileiros: "Boi que não bebe água ou já bebeu ou vai beber".

Ao ouvir frases como essas, podemos ter intuições repentinas e, às vezes, ficamos surpresos ou constrangidos pela obviedade. O constrangimento é mais pelo fato de não percebermos ou não seguirmos os caminhos mais simples, óbvios e sábios do que pela obviedade em si. Bastam poucos segundos de reflexão para reconhecer a profundidade que existe por trás das palavras ditas tanto pelos orientais quanto pelos caboclos que habitam nossos sertões. De repente, é como se estivéssemos ouvindo a voz de um velho mestre, ou melhor, a voz do mestre do primeiro mestre: a Natureza.

. 1 .

As lições das estações

SIGNIFICADO DAS ESTAÇÕES ∾

Nos países do hemisfério norte, as estações do ano são marcadas por grandes mudanças de temperatura, com transformações radicais na paisagem e no dia a dia dos animais e das pessoas. Na China, as estações são nítidas e distintas. As mudanças climáticas que ocorrem durante o ano influenciaram o modo de vida e a forma de pensar do povo chinês. As estações são a base da sabedoria oriental.

Primavera

Para os orientais, primavera significa início de novo ciclo. Começa em março-abril, quando a vida retoma suas atividades após a estagnação do inverno. A luminosidade do Sol sobre o hemisfério norte volta a aumentar, depois da grande diminuição que sempre ocorre no inverno. Na primavera, os períodos do dia e da noite são iguais. Surgem os primeiros ventos quentes, a neve e o gelo começam a derreter, os rios voltam a correr e ficam mais caudalosos. Nascem as primeiras folhas da grama do campo. Com o surgimento dos primeiros brotos das árvores, a paisagem que era branca e cinza ganha uma cor verde de tom claro e fresco. Tudo volta a pulsar. Os animais saem do estado de hibernação e o silêncio do inverno é quebrado pelo canto dos pássaros e pelos sons dos bichos estimulados pela temperatura cada vez mais agradável. É a época das flores, do acasalamento dos animais, e o momento de iniciar o plantio.

Verão

Em junho-julho, ocorre o solstício de verão na metade superior do planeta. Os chineses consideram o verão o auge, o momento da plenitude. É nessa fase do ano que o hemisfério norte recebe a iluminação máxima do Sol, as noites são mais curtas e os dias são mais longos. O calor é intenso. As plantas e a terra transpiram mais. As águas dos rios, lagos e mares evaporam num volume muito maior, e o céu fica carregado de nuvens. Chuvas torrenciais caem com frequência. Os brotos crescem rapidamente, as folhas verde-claras da primavera ganham cores intensas e, com a luminosidade e as chuvas, as árvores ficam frondosas. A vida entra em ebulição. Com a fartura de alimentos dessa época, os filhotes recém-nascidos ficam cada vez mais fortes. É o momento de aproveitar a abundância da Natureza.

Outono

Em setembro-outubro, depois do pico de calor e claridade, chega o outono na China. No Oriente, essa época representa o declínio. A luminosidade do Sol sobre o hemisfério norte diminui pouco a pouco, e o dia e a noite voltam a ter a mesma quantidade de horas. Com a queda da temperatura, os animais começam a se preparar para a época de estagnação. A Natureza agora produz os últimos frutos que os animais e os homens precisam ingerir e estocar para suportar o frio que se aproxima. As árvores viçosas do verão começam a poupar energia e interrompem o processo de fotossíntese. Com isso, as folhas das árvores mudam de cor e a Natureza se transforma. O verde da paisagem dá lugar aos amarelos, laranjas, ocres e vermelhos. Em pouco tempo, as folhas estarão no chão formando um tapete para receber o inverno.

Inverno

Dezembro-janeiro marca o solstício de inverno na China. Inverno é o momento de recolhimento, de introspecção. Nessa época, a luminosidade do Sol já não é capaz de aquecer a metade norte do planeta. Agora as noites são bem longas e os dias curtos. A vida se paralisa. Rios e lagos se congelam e as árvores perdem suas folhas. As cores quentes do outono desaparecem sob uma capa branca de gelo e neve. Em toda parte, a paisagem é só de frio e silêncio. Os animais hibernam em suas tocas, as pessoas permanecem em suas casas e se mantêm aquecidas com a lenha guardada no outono. Não é possível plantar nem caçar. A comida provém do que foi estocado antes da chegada da neve. Nessa fase do ano, nada mais resta a fazer senão se recolher e esperar a chegada dos primeiros ventos da primavera.

E com a primavera inicia-se um novo ciclo.

A MUTAÇÃO ∾

Heráclito, filósofo grego do século IV a.C., dizia: "Não há nada permanente a não ser a mudança". Mais de mil anos antes de Heráclito, os sábios chineses também haviam aprendido com as estações do ano que tudo na Natureza se desenvolve por meio de mudanças constantes. Para os taoistas, nada permanece inalterado na vida, tudo é um processo de contínua transformação. Nas páginas do *I Ching – O livro das mutações*, lemos que: "Tudo sofre mutação; a única coisa que nunca muda é a mutação". Por essa frase, podemos perceber que *mutação* é um dos principais fundamentos do Taoismo.

Ideograma chinês de "i" que significa "mutação".
Esta é a grafia da palavra "i" do título do livro
I Ching – O livro das mutações.

O ser humano passa por um processo análogo ao das estações do ano. Nossa vida pode ser entendida como um ciclo completo de mudanças em que a primavera corresponde à infância, à fase inicial da vida; o verão se refere à juventude, ao auge da força e da virilidade; o outono representa a meia-idade, o declínio do vigor e das capacidades físicas; o inverno é a velhice, a estagnação das funções vitais e o recolhimento. O belo filme coreano *Primavera, verão, outono, inverno... e primavera*, do diretor

Kim Ki Duk, retrata esse paralelo descrevendo quatro momentos da vida do personagem principal.

As estações do ano fazem que as plantas e os animais se adaptem às condições de cada momento para que possam sobreviver, crescer e se perpetuar. Os seres humanos também precisam acompanhar harmoniosamente as mudanças da vida. Por isso, um comportamento infantilizado é tão inadequado a um rapaz de 25 anos quanto o esforço desesperado de uma mulher de 50 anos em manter a aparência e a atitude de uma adolescente. Seria como se uma árvore fizesse brotar novas folhas no final do verão – o que seria tardio e inútil –, ou conservasse as folhas na época de neve – o que causaria um esgotamento da energia que deve ser poupada no período de frio.

Quando não mudamos de acordo com o momento e não vivenciamos o que é correspondente a cada fase da existência, deixamos de viver de forma plena. Existe uma frase que diz: "Algumas pessoas nascem, crescem, morrem aos 25 e são enterradas aos 75 anos". Não é sensato fazer as coisas antes da hora ou deixar de fazê-las no momento certo. Viver é mudar, adaptar-se, aproveitar cada etapa da vida e não ir contra as leis naturais.

As plantas e os animais não agem contra a Natureza. Eles se adaptam naturalmente às mudanças das estações do ano e das fases da vida. Não questionam nem resistem à realidade. Segundo os orientais, resistir às transformações é entrar em atrito com a principal lei da Natureza, a mutação, e as consequências desse atrevimento ou dessa teimosia podem ser danosas para nossa saúde física, mental e emocional.

Costuma-se dizer que a grande diferença e a grande vantagem do ser humano em relação às plantas e aos animais é o livre-arbítrio. Pode ser verdade. Mas também é verdade que o livre-arbítrio faz que o ser humano tenha uma postura de rebeldia – e de arrogância – e tente resistir às mudanças naturais. Para os chineses, tentar colocar-se acima da Natureza é insensatez. Precisamos acolher as leis da Natureza com humildade e reverência. Só assim podemos manter nossa saúde e a nossa paz interior.

OS CICLOS

Mutações não significam términos definitivos. Ao acompanhar os movimentos da Natureza no curso de um ano, os chineses aprenderam que o mundo não se acaba quando chega a estagnação do inverno. Perceberam que há, sim, uma desaceleração dos impulsos de vida e um processo de recolhimento e interiorização. Mas, quando chega a primavera, a vida recomeça em toda sua exuberância. A Natureza se desenrola em contínuos retornos e não em movimentos lineares isolados e estanques. Nem em circuitos fechados. A vida é um fluxo constituído de ciclos assim como acontece com as estações do ano. *Ciclo* é outro conceito básico que os taoistas desenvolveram contemplando a Natureza.

As folhas da árvore caem no outono e só voltam a aparecer na primavera. A cada primavera a árvore se renova e os galhos ganham brotos que se transformam em novos galhos no decorrer do ano. Isso faz que a árvore sempre cresça um pouco mais ao término de cada ciclo. Ao longo do ano, o tronco também aumenta seu diâmetro e as raízes ficam mais profundas para poder retirar nutrientes de que a árvore precisa para crescer.

É no recolhimento cíclico do inverno que a árvore acumula a força necessária para o surgimento de novos ramos.

Mutação e ciclo são necessários para que aconteça a renovação da vida. Sob um aspecto, existe retorno a um ponto de referência, mas, por outro, nada permanece igual. Ao fim de cada ciclo, as árvores se desenvolvem, os animais ganham nova pelagem e todas as criaturas vivas se renovam com o nascimento de novos indivíduos da sua espécie.

O ditado chinês "Sempre a primavera, nunca as mesmas flores" sintetiza com perfeição as ideias de mutação, ciclo e renovação. Todos os anos a primavera chega, sem falha, mas a cada primavera brotam novas flores. Apesar da repetição, a Natureza não se repete. Nem poderia. A repetição pura e simples significaria não só estagnação, mas um círculo vicioso em que não haveria possibilidade de desenvolvimento, de evolução. Num círculo fechado nada se renova nem se desenvolve. Círculo não é ciclo.

A Natureza não caminha em círculos, mas em ciclos constantes em que cada retorno representa uma evolução, um passo a mais, um degrau acima da fase anterior. Evolução e renovação não acontecem em forma circular, mas de espiral. Num círculo, tudo volta ao mesmo ponto, mas numa espiral o retorno ao ponto de referência se dá em outro nível, num patamar acima.

Os ciclos podem ter características temporais e funcionais. Ciclos astronômicos têm duração de milhares ou milhões de anos. Já o ciclo das estações dura um ano, a lunação se completa ao cabo de 28 dias, e o dia é um ciclo de 24 horas. Todos esses ciclos se referem ao tempo.

Atividades biológicas como respiração, batimento cardíaco,

digestão, caminhada, constituem ciclos funcionais de renovação. Qual é a função da respiração e do batimento cardíaco senão a da renovação dos elementos vitais ao organismo? Dilatação e contração do coração formam um ciclo. Inspiração e expiração, também. É pelo batimento cardíaco que o sangue leva oxigênio a cada uma das células do nosso corpo, do couro cabeludo até os dedos do pé. E é pela respiração que o oxigênio chega ao sangue e o gás carbônico é eliminado. Ingerir alimentos e excretar é outro exemplo de ciclo biológico.

Numa caminhada, a alternância dos passos direito e esquerdo também é um ciclo, um processo que permite o avanço. A repetição de passos com uma única perna não é ciclo. Ninguém se locomove por aí sobre uma perna só. Não, Saci não vale!

Pensando bem, até mesmo o Saci se desloca por ciclos. Para avançar, ele precisa se agachar (dobrar o joelho) e dar um salto. Agachar-se e saltar, no final, acaba sendo um ciclo de alternância. Já no caso do ser humano, quando não dispõe de uma das pernas, precisa de muleta para poder alternar os passos e caminhar.

A repetição sem alternar os fatores nos leva ao desgaste e à degeneração. Sem ciclo não há renovação. Se nos colocarem dentro de uma caixa fechada, poderemos morrer asfixiados porque não existe renovação de ar. Quando respiramos sempre o mesmo ar, a atmosfera fica viciada. Sem renovação, não há crescimento. Seria como um namorado ou uma namorada que vive repetindo e repetindo a mesma coisa, todos os dias, a toda hora. Uma relação como essa não vai para a frente! É necessário que haja variedade de assuntos, diversificação de interesses, amplitude de buscas. É preciso ir para ciclos novos, evoluir. Quando respeitamos os ciclos, a vida flui, se renova e permitimos nossa própria evolução.

A IMPERMANÊNCIA ∽

Os conceitos de mutação e ciclo levam-nos a outro fundamento da sabedoria chinesa: a *impermanência*. Nem sempre temos consciência dessa realidade. O ser humano tem necessidade de coisas duradouras, constantes, permanentes. Isso nos dá segurança, tranquilidade, uma certeza de continuidade. É reconfortante saber que as coisas vão permanecer estáveis para sempre. As coisas boas, é claro! Porque as coisas ruins não queremos nem saber que existem... Quanto ao que é bom ou ruim, os taoistas têm uma visão interessante e diferente da nossa. Mais adiante, no quinto capítulo, veremos como os sábios encaram essa questão.

As estações do ano mostram que todas as coisas são mutáveis e nada é permanente. Ou, de outro modo, tudo é impermanente. Mas não há estresse na Natureza por causa disso. Nenhuma jaqueira grita para uma jaca algo como: "Oh, jaquinha, não vá embora! Olha, a vida lá fora é cruel, todo mundo só pensa em devorar o outro e vão te comer inteirinha! Não se vá, minha jaquinha!" Não acontece nada disso. A jaca simplesmente cai da árvore e a vida continua.

O que ocorre é que nós, seres humanos, somos apegados às pessoas, às coisas e às situações. É comum querer que as coisas sejam permanentes. Muitas vezes, preferimos a ilusão do duradouro à realidade da mutação e impermanência. Queremos que a vida seja do jeito que *idealizamos* e não do jeito que ela é. Lidar com a impermanência é um exercício de aceitação da realidade.

Desejar que um objeto, uma pessoa, uma situação, ou uma

parte da vida nunca se altere é aleijar a existência. Como nada dentro da Natureza existe de forma isolada, tentar manter algo inalterado é impedir que ele continue seu processo de evolução. Pior: todas as coisas que estão interligadas com esse algo também serão prejudicadas.

Imaginemos uma criança dizendo: "A carinha deste gatinho é tão bonitinha! Eu não quero que essa carinha cresça!" A criança pode desejar o que quiser, mas o fato é que o rosto do filhote vai crescer em harmonia com o corpo. Se o gatinho se desenvolver e a cabeça permanecer do mesmo tamanho, a desproporção trará problemas no seu desempenho ao se tornar adulto. No casamento acontece a mesma coisa. Se, num casal, apenas uma pessoa muda e se desenvolve, a relação fica desequilibrada.

A Natureza nos mostra a todo instante que a impermanência é um fato e uma necessidade. Pode ser uma realidade difícil de aceitar, mas é a realidade. A consciência da impermanência exige de nós o acolhimento da realidade e o exercício de desapegar das pessoas, dos objetos e das situações. Das ideias e ilusões também. É interessante notar como as ideias e as ilusões são coisas das mais difíceis de renunciar nesta vida. Mas ilusões são ilusões e não realidade.

Bhavya, proprietária de um hotel holístico, ouviu uma conversa que ilustra essa questão. Duas mulheres estavam no *hall* do hotel: uma senhora idosa e uma mulher mais jovem que havia acabado de se separar. Durante a conversa, a recém--divorciada fez queixas do casamento e do ex-marido e, em certo momento, quando foi tomada pelos ressentimentos, disse: "Ah, ele acabou com todas as minhas ilusões!" Ao ouvir isso, a senhora idosa deu um sorriso e disse: "Puxa, que bom, não?"

⸱ 2 ⸱

As lições da água

A ÁGUA VAI PELO CAMINHO MAIS FÁCIL ≋

Além das estações do ano, os orientais aprenderam muito com elementos específicos da Natureza. A água, por exemplo, é uma grande mestra para os chineses. Ao contemplar os movimentos da água, eles fizeram associações de ideias surpreendentes sobre o que seria um comportamento humano sábio.

Para os chineses, a água não é apenas água. É um exemplo vivo de como a Natureza age e de como as coisas acontecem. Eles a reverenciavam e meditavam a partir do que viam. Foi isso que permitiu aos mestres chegar a uma sabedoria ao mesmo tempo simples, profunda e poética.

Os mestres dizem: "A água vai pelo caminho mais fácil". Não é exatamente isso que nós, seres humanos supersábios e evoluídos, fazemos em todas as situações na nossa vida?

Quem dera...

Quando vemos um filete de água no quintal ou o curso do rio numa paisagem, é fácil "entender" essa frase. Mas quantos de nós paramos para pensar sobre essa realidade antes de ter lido ou ouvido essas palavras? Que a água vai pelo caminho mais fácil é um fato tão natural e óbvio que não paramos para pensar sobre o que isso significa.

No dia a dia, pensamos e agimos de modo tão mecânico e somos tão pouco dados a reflexões que não percebemos que seríamos mais sábios se seguíssemos o exemplo da água. Não é o que acontece. Quando observamos nosso próprio comportamento, temos a impressão de que gostamos de complicar tudo. "Quanto mais complicado, melhor", parece ser o lema. Quem já não ouviu a frase: "Para que simplificar se podemos complicar?"

Infelizmente, por trás dessa frase divertida se esconde uma postura mais frequente do que imaginamos.

Vivemos numa sociedade que aprendeu a valorizar coisas complexas, teorias impenetráveis, palavras rebuscadas, pensamentos mirabolantes, rococós mentais, retóricas exageradas e caminhos complicados. Aprendemos a supervalorizar o trabalho árduo, a insistência, a dificuldade, o sofrimento para conquistar as coisas. Achamos que só é bom aquilo que for sofrido. Isso é masoquismo: "Bate que eu gosto!"

Sem dúvida alguma, o esforço é uma qualidade importante. O problema é a sua supervalorização e a crença que somente as coisas conseguidas com muito esforço e sofrimento é que têm valor. Para os sábios orientais, qualquer coisa que exija esforço demais não é natural. Ou as coisas acontecem naturalmente, sem desgastes, ou a pessoa está atrás de alguma coisa que não corresponde às possibilidades do momento. Se existe esforço excessivo, a pessoa pode estar tomada pelo desejo e pela obstinação. E, muitas vezes, para conquistar o objeto de desejo, ela acaba tendo atitudes insensatas como ir pelo caminho de maior atrito e de maior dificuldade.

A afinidade dispensa o esforço

Os chineses dizem que "A água procura o úmido e o fogo procura o seco". Na Natureza, as coisas acontecem por afinidades. A água corre com mais facilidade numa superfície úmida. Se estivesse numa superfície seca, a água seria sugada antes de fluir. O fogo se propaga melhor num material seco. Se a madeira estiver úmida, não há combustão; se estiver seca, queima rapidamente.

Tudo funciona melhor quando existe afinidade entre os elementos. Numa relação afetiva, na amizade, nas parcerias de trabalho, na ascensão profissional, as coisas funcionam dessa forma. Quando uma pessoa gosta do que faz, é mais fácil progredir. Não há esforço, tudo é gratificante. Quando as pessoas são afins, não há formalidades. Elas mal se conhecem e já se sentem íntimas, se compreendem, trocam confidências e experiências ricas. As coisas fluem.

A afinidade une os corações de forma espontânea. Mesmo quando existem impedimentos, as pessoas que sentem afinidade mútua conseguem resistir às dificuldades e se mantêm unidas interiormente. No *I Ching – O livro das mutações*, encontramos o seguinte texto do sábio Confúcio:

> A vida conduz o homem responsável por caminhos tortuosos e mutáveis.
>
> Muitas vezes o curso é bloqueado, em outras, segue desimpedido.
>
> Ora pensamentos sublimes vertem-se livremente em palavras, ora o pesado fardo da sabedoria deve fechar-se no silêncio.
>
> Mas quando duas pessoas estão unidas no íntimo de seus corações, podem romper até mesmo a resistência do ferro e do bronze.
>
> E quando duas pessoas se compreendem plenamente no íntimo de seus corações, suas palavras tornam-se doces e fortes como a fragrância das orquídeas.

Quando não existe afinidade, é preciso muito esforço para obter o que se deseja. Aqui entra o uso dos artifícios, das seduções, das estratégias, das adulações e, nos piores casos, das intrigas, das coerções, das chantagens. Tudo isso é sinal de esforço excessivo.

Um homem, por exemplo, fez de tudo para conquistar uma mulher. Ela era linda e cobiçada. Como a beldade não demonstrava interesse, ele comprou presentes finos, mandou entregar flores todos os dias, levou-a a restaurantes sofisticados, pagou viagens caras, colocou cartazes em frente à casa da amada, contratou seresteiros, fez festas-surpresa, mandou jogar milhares de rosas no quintal dela com helicóptero, foi superprestativo, adulou suas amigas e parentes, fez artimanhas para afastar os outros pretendentes, aprendeu a dançar, emagreceu, fez musculação, chegou até a fingir ter uma doença grave para despertar o instinto maternal, e no fim de todo esse esforço a mulher resolveu dar uma chance.

Começaram a namorar. Foi uma vitória e ele se sentiu o rei do mundo. Só que a relação acabou em poucas semanas. Confiante com a conquista, ele parou de dedicar toda aquela atenção de quando precisava despertar o interesse da mulher. Não percebeu que ele só a havia conquistado pela insistência, pelo enorme esforço que fizera. Como dizem, "venceu pelo cansaço". Se quisesse manter a namorada, ele teria de continuar a se esforçar o mesmo tanto que precisou para conquistá-la. Se existe esforço para conseguir algo, será preciso o mesmo esforço para que ele seja mantido e isso pode ser muito desgastante. Haja vontade, tempo e paciência! E dinheiro também! E, ao contrário, quando as coisas acontecem naturalmente, elas se mantêm naturalmente. Não há esforço. E é bem mais barato...

Em outra situação, quando o esforço é infrutífero, nos sentimos frustrados. Depois de muito trabalho em vão, menosprezamos aquilo que tanto desejávamos e repetimos a frase da raposa que não conseguiu alcançar o cacho de uvas: "Ah, que se dane. As uvas estão verdes!" Mas, se tivermos consciência de que as circunstâncias não nos favorecem, de que o objeto desejado não é uma verdadeira necessidade, se reconhecermos que não existem afinidades, que o esforço é excessivo, então teremos o bom senso de deixar o desejo de lado e continuamos nosso caminho. Isso é aceitar a realidade e se adaptar aos fatos. Isso é ir pelo caminho mais fácil.

Mais fácil *versus* mais curto

Temos a tendência de considerar que o caminho mais fácil é o caminho mais curto. Pode até ser verdade em alguns casos, mas não é regra. O caminho mais fácil é o caminho mais fácil. Ponto. Não significa necessariamente o caminho mais curto. São o ego e a ansiedade que criam o desejo de que os caminhos mais fáceis sejam também os mais curtos. A água não tem ego nem pressa e o caminho que ela faz em direção ao mar é o do menor esforço e não o mais curto. Às vezes, ao contrário da vontade do ego, acontece de o caminho do menor esforço ser o caminho mais longo.

O rio Tietê, que cruza o estado de São Paulo, é um exemplo disso. Sua nascente é em Salesópolis, na Serra do Mar, a 22 quilômetros do litoral paulista. O mar fica a sudeste da cidade, mas o Tietê não vai para o sudeste. Por causa do relevo, o rio segue em direção noroeste do estado. Assim, a princípio, suas águas percorrem 1.100 quilômetros até encontrar o rio Paraná, na divisa com Mato Grosso. Depois de desaguar no rio Paraná, as águas ainda precisam descer mais quatro mil quilômetros rumo ao sul para poder desembocar no oceano, em Mar Del Plata, entre o Uruguai e a Argentina.

Agora, vamos imaginar que as águas do Tietê tivessem a capacidade de fala e passassem todo o percurso queixando-se do caminho que têm de fazer: "Que droga! Lá na nascente, eu estava a 22 quilômetros do mar. Por que eu tenho de andar mais de cinco mil quilômetros? Droga!" E se o rio repetisse isso em nosso ouvido a cada quilômetro percorrido? Ouvir mais de cinco mil vezes a mesma reclamação seria insuportável! Mas o rio não reclama. A água não pensa na distância a ser vencida, ela apenas flui por onde é possível. O terreno e seus acidentes são suas circunstâncias e a água não se queixa de nada. Ela "sabe" que por aquele caminho tudo é mais fácil e sem desgastes. Não é esforço nenhum para a água descer um terreno em declive e pelos caminhos abertos.

A água vai pelo caminho mais fácil. Ela só se deixa levar. Apenas flui, sem se queixar. Sem se aborrecer e sem aborrecer os outros que encontra pelo caminho. Para os taoistas, isso é sabedoria.

A ÁGUA NÃO BRIGA COM OS OBSTÁCULOS ~

Quando a água encontra uma pedra pelo caminho, não fica histérica. Ela não fica lá, parada, dedo em riste, dando aulas de boas maneiras, nem xingando a mãe da pedra. Não vê vantagem nenhuma em perder tempo e energia por causa de um incidente tão sem importância. A água se desvia da pedra e segue tranquilamente seu curso. Por que se estressaria com as coisas naturais?

Em qualquer briga, em qualquer guerra, os dois lados se machucam. Os dois sofrem danos físicos ou morais.

É normal num casal haver reclamações do cônjuge. Ou porque o marido não fecha a tampa do vaso sanitário depois de usá-lo, ou porque a mulher deixa roupas íntimas penduradas na torneira do chuveiro. Essas coisas, no fundo, não passam de pedras no leito de um rio – nada mais do que bobagens. Não vale a pena provocar um conflito por situações desse tipo. Ambos vão se machucar por nada. É melhor fluir, passar ao largo dessas coisas insignificantes.

Se ocorrem brigas constantes por motivos tão fúteis, com certeza existem questões mais sérias na relação que não estão sendo colocadas. As brigas ficam só "no varejo" porque, se forem para o "atacado", a relação pode se abalar. No "atacado", existe o medo de que as questões não sejam apenas pequenas pedras no curso do rio, mas sim uma represa prestes a se romper. Porém, se as questões difíceis da relação não forem expostas abertamente, haverá um acúmulo tão grande de água (e de mágoas) que o rompimento da represa será inevitável. Toda represa tem uma vazão para controlar o volume de água. Na relação afetiva, a vazão se dá por meio de conversas respeitosas e francas e não por queixas e brigas. E, se for o caso, é melhor simplesmente relevar as pequenas falhas do outro e fluir.

Existem diversas situações no cotidiano – quase todas – que são bobagens, simples pedras de rio. Acontecem muitos incidentes em casa, no trabalho, no trânsito, na escola, no hotel, no restaurante, no cinema, mas poucas situações merecem aborrecimento e atitudes drásticas.

Em vez de pensar em coisas pequenas, é melhor nos concentrarmos em coisas importantes. A água do rio vai para o mar, para o grande. É para isso que ela está no fluxo. É isso que importa. O resto são percalços naturais do curso. Se a água brigasse com cada pedra, com cada tronco submerso, com cada acidente do terreno, ela se desgastaria à toa e, no máximo, só atrasaria sua chegada ao mar. Pior: o rio chegaria envenenado de aborrecimentos e ressentimentos, e todo manchado de lágrimas e sangue derramados nas tantas brigas pelo caminho.

Assim como o rio tem o propósito de levar suas águas para o mar, nós também temos uma missão de vida a cumprir. Se ficarmos enroscados em cada um dos pequenos aborrecimentos do dia a dia, isso só vai envenenar nossa vida. Há um consumo grande de tempo e energia quando nos irritamos e brigamos com as pessoas. Não vale a pena. Se fluirmos como um rio, não haverá nenhum desperdício, nenhuma perda. Nenhuma pedra. Ao contrário, ao fluir, nos sentiremos gratificados e felizes por estar cada vez mais perto da nossa verdadeira natureza e da nossa missão.

Quando temos um objetivo maior em vista, os pequenos contratempos perdem significado. Ou melhor, nossa tolerância aumenta. Daí a necessidade da interiorização para descobrir o porquê de cada um de nós existirmos neste mundo. "Qual é a coisa mais importante da minha vida? Que missão devo cumprir? O que mais me traz a sensação de realização pessoal? De que maneira posso contribuir para o bem da humanidade?" Cada um de nós precisa se questionar e procurar as respostas para que a vida tenha sentido. Dessa forma, mudamos a perspectiva e assim fica mais fácil administrar os conflitos do cotidiano. Com a mente voltada para assuntos mais profundos, não nos prendemos em coisas menores e conseguimos evitar os confrontos diretos.

O meio do caminho

Existe uma charada de criança que é bem interessante: "Até que ponto um cachorro entra no mato?" A solução é uma brincadeira, mas dá margens a boas reflexões e nos ajuda a entender como lidar com os conflitos.

A resposta: o cachorro entra no mato até o meio. Só é possível entrar no mato até o meio. Se o cachorro for além do meio, ele não estará mais *entrando*, mas já estará *saindo*. Simples, não? Parece bobagem, mas isso quer dizer que, quando vamos além do meio, vamos para outro campo, outro território. Isso é muito sério!

Numa situação de conflito, devemos fazer a mesma coisa: em vez de brigar, é aconselhável ir, no máximo, até o meio do caminho. Quando se vai além desse limite, já é ataque, é invasão. E quem ataca pode sofrer represália, porque dá ao outro o direito de se defender com o uso da força.

Quando pensamos sobre limites, é comum nos perguntarmos: "Onde é o meio do caminho numa situação de conflito?" Numa questão entre dois países, é a fronteira. Podem-se fazer manobras militares no máximo até a divisa com o país vizinho, mais do que isso é invasão. Numa relação interpessoal, o meio do caminho é a outra pessoa. É o respeito ao espaço, ao tempo e ao processo da outra pessoa. Qualquer passo além dessa fronteira também é invasão.

Os antigos estrategistas chineses tinham o seguinte princípio: "É melhor recuar um metro do que avançar um centímetro".

Quando invadimos, perdemos a razão, damos ao outro o direito de se defender com uma ação enérgica. Os taoistas também diziam que, "se dois exércitos forem iguais, vence o lado que tiver o general mais compassivo". Isto é, vence aquele general que prefere não brigar, que lamenta a brutalidade e as perdas que a guerra traz. Se ele entrar na guerra, é porque já se esgotaram todas as possibilidades pacíficas. Quanto mais ele puder evitar a batalha, melhor. O general compassivo age como a água: enquanto for possível, ele não confronta.

Como na vida diária não temos de enfrentar guerras ou invasões a toda hora, as coisas são mais fáceis. Podemo-nos lembrar de que as questões quase sempre são como pequenas pedras no rio e que em situações de confronto o melhor é ser como a água. Sabedoria é agir com suavidade, com diplomacia, e não brigar com os obstáculos.

A ÁGUA SE ACUMULA ATÉ ENCONTRAR A BORDA MAIS BAIXA 〰

Ao deparar com um buraco, a água se precipita até o fundo. Se não encontrar saída, ela se acumula e preenche o fosso. À medida que se acumula, o nível da água se eleva até encontrar uma borda baixa. Assim, ela sai do buraco e continua seu fluxo. Essa imagem é fácil de ser visualizada e não parece ter nada demais, mas, como era de esperar, os sábios extraíram dela uma grande lição de vida.

Numa transposição dessa situação para a vida humana, podemos fazer muitas reflexões. A frase "Quando a água cai num fosso, ela se acumula até encontrar a borda mais baixa" pode ser reinterpretada da seguinte forma: "Quando uma pessoa sábia (água) depara com uma situação de dificuldade (fosso), ela se interioriza (acumula-se) até que naturalmente encontra a saída mais fácil (borda mais baixa)".

No *I Ching – O livro das mutações*, encontramos o seguinte comentário: "A água dá o exemplo da conduta correta nessas condições (*de adversidade*). Prossegue fluindo e vai preenchendo todas as depressões que encontra. Não vacila ante nenhuma passagem perigosa, não retrocede ante nenhuma queda, e nada faz perder sua natureza essencial. Ela permanece fiel a si mesma em todas as circunstâncias". Ao fazer paralelo com a vida humana, o *I Ching* diz: "Assim também, se uma pessoa for sincera quando confrontada com dificuldades, seu coração chegará ao significado da situação. E quando consegue dominar interiormente um problema, o sucesso acompanhará de maneira natural as ações. Diante do perigo é preciso ser meticuloso, fazendo tudo que for necessário, para então seguir adiante de modo a não perecer por demorar-se no perigo".

Ninguém está livre de adversidades e vez ou outra acontece alguma fatalidade. É como a água que encontra uma depressão. Todo mundo tem seus momentos difíceis. Quando isso acontece, o sábio não foge do problema. Ao contrário, faz como a água que, ao deparar com o fosso, não resiste ao movimento natural e deixa-se cair. Ou seja, encara a situação, sem medo.

Se quisesse evitar cair no buraco, a água teria de brigar contra a lei da gravidade. Ela não briga. Afinal, a água não briga com os obstáculos e muito menos com as leis naturais. O caminho mais fácil e sábio nessa situação é deixar-se levar sem resistência e sem desespero. A situação deve ser analisada com calma para ver as possibilidades de saída. Quando a água não encontra por onde escapar, ela se acumula. Numa situação complicada em que não existe solução imediata, o sábio também se acumula, isto é, volta-se para dentro de si em busca de recursos interiores. Faz da adversidade uma oportunidade para ficar quieto, para meditar, ver como está conduzindo seus ideais, quais são seus valores mais importantes e qual é o sentido da sua existência. O sábio "acumula" seus conteúdos interiores e isso faz que aumente o nível de sua consciência, do mesmo modo que o nível da água se eleva quando ela se acumula no fosso. Nesse processo de interiorizar-se, de elevar-se, a água e o sábio encontram a borda mais baixa, encontram a saída natural, o caminho que permite continuar o fluxo, a vida.

Jardim na tempestade

A água não se agita no fundo do fosso. Ela não fica enlouquecida, não "sobe pelas paredes". Não é da sua natureza subir pelas paredes. Ela fica quieta, não gasta energia com nada, apenas se acumula tranquilamente e espera que a situação apresente uma saída. A água sabe que tudo flui e que é preciso preencher as depressões que encontrar pelo caminho e seguir em frente. Enquanto estiver fluindo, nada barra seu curso. Quando o sábio observa o comportamento da água, percebe que a calma e a confiança na vida são essenciais para encontrar a saída mais fácil – e mais facilmente.

Uma pessoa agitada e desesperada apenas se atrapalha numa situação difícil. De fato, conseguimos resolver melhor os problemas quando estamos ao lado de uma pessoa confiante e calma. Do mesmo modo, só conseguimos nos livrar de uma dificuldade de forma mais eficiente se mantivermos a confiança e a serenidade.

A mente agitada é como a água de um lago que foi movimentada demais: ela fica turva. Só é possível enxergar o fundo depois que a água entra em repouso e fica cristalina. Se caímos num fosso, se nos encontramos numa situação complicada, é mais fácil enxergar a situação e encontrar a saída se não nos agitarmos demais nem tomarmos atitudes precipitadas. Uma mente ansiosa fica tão possuída pelo medo e pelo desespero que não é capaz de enxergar as oportunidades que surgem. No meio da agitação, é difícil enxergar a situação com clareza. Por isso, os sábios chineses diziam que "não se vê a beleza de um jardim durante a tempestade". Se não tivermos calma, tudo fica tumultuado e parece uma tormenta.

Interiorizar-se também significa ficar quieto, meditar. Significa observar os processos interiores, aquietar a mente, confiar na vida e fluir. A água nos ensina que podemos ficar tranquilos e confiantes porque todo fosso tem uma borda mais baixa. Sempre existe uma saída e todos os problemas têm solução.

O QUE MANTÉM A VIDA DA ÁGUA É O FLUXO ≈

"Água parada apodrece", diz um ditado popular. Se a água estiver em movimento, como um rio, a vida se mantém.

"Mas e o lago? O lago, por acaso, não é uma porção de água cercada de terra por todos os lados sem nenhum movimento?", alguém poderia perguntar. Sim, aparentemente, o lago é água parada. No entanto, ele tem vida, tem plantas, peixes, tem oxigênio. Apesar de a água do lago não correr como num rio, ainda assim existe um movimento sutil, um ciclo, uma troca constante por meio da evaporação, das chuvas e das águas subterrâneas.

A água é o melhor exemplo de fluxo da Natureza. Durante as estações do ano, o que se percebe é o fluxo da água em todas as suas manifestações: rio, lençóis freáticos, lago, mar, vapor, nuvens, transpiração, chuva, neve, degelo...

Os mestres taoistas perceberam que tudo na vida é fluxo, tal qual a água. Se a vida é mutação, ciclo e impermanência, então a vida só poderia ser fluxo. Ou, ainda, a vida só se mantém por causa do fluxo. Basta pensar nas funções biológicas. Se nossas vias respiratórias estiverem obstruídas, não há fluxo de ar. É o que acontece com a asma. Num caso igualmente grave, se a glote se fechar num choque alérgico, a pessoa pode morrer por asfixia, por falta de fluxo de ar. Outro exemplo: a circulação sanguínea. Alterações do fluxo do sangue causadas pelo entupimento das artérias por placas de colesterol podem fazer que nosso organismo entre em colapso, como nos casos de infarto. O chamado Acidente Vascular Cerebral (AVC), ou "derrame", também se deve a uma falha do fluxo de sangue, no caso do sangue que irriga as células do cérebro.

Para ilustrar a ideia de fluxo, os chineses dizem que "o ser humano é um tubo". O tubo tem uma entrada e uma saída. As coisas entram por um lado e saem por outro. Nosso corpo é um tubo que faz digestão: ingere os alimentos, processa e elimina. Se não houver fluxo nesse processo, podemos ficar doentes. Se só ingerirmos e não eliminarmos, passamos mal, temos problemas de prisão de ventre ou de obesidade. Quando eliminamos em excesso, como nos casos severos de vômito e diarreia, também acontecem riscos sérios à saúde. Nas duas situações, não há equilíbrio no fluxo.

No orçamento pessoal e na economia dos países, também precisa haver fluxo. Quando não controlamos nossas receitas e despesas, podemos acabar dizendo: "Tô numa pindaíba danada!" Sem capital de giro, uma empresa pode se estagnar. Se numa sociedade o dinheiro ficar nas mãos de uns pouquíssimos milionários em detrimento da população geral, as consequências podem ser devastadoras, como a violência, o crime, o roubo, as revoluções sociais, as guerras civis. Tudo isso pode ser resultado do desequilíbrio ou da injustiça no fluxo econômico, isto é, na distribuição de renda.

"Fluir" não quer dizer apenas "correr", "se deixar levar", "tocar em frente", "continuar a vida". Fluxo também é isso, mas é muito mais do que isso. Fluxo é entrar e sair. É circular, fazer um ciclo, beneficiar. É aproveitar o que é necessário e eliminar o que não serve mais. Como na digestão. Como faz a água por todos os lugares aonde vai.

A água beneficia todas as coisas: a terra, as plantas, os animais, o ar (evitando que ele fique seco demais). A água entra e sai em todos os organismos, em todas as manifestações da Terra. É pela ação da água que tudo se renova.

Cerca de 70% do nosso corpo é água. Ela fica entre as células, nas glândulas e no sangue. Essa água é renovada pelos processos de alimentação e excreção. A água que absorvemos da comida e da bebida é utilizada pelo corpo e depois eliminada por urina, fezes, lágrimas, expiração e transpiração. Após seu aproveitamento, a água precisa sair do organismo. É preciso que haja fluxo. A retenção excessiva da água no corpo também é prejudicial. Um exemplo disso é a disfunção urinária em que a pessoa não consegue esvaziar a bexiga. Para o correto funcionamento do organismo, é preciso que a água se vá.

O xixi e o dragão

Existe uma historinha que fala da necessidade do fluxo e do desprendimento. Um menino estava na fase de aprender a ter controle sobre sua vontade de fazer xixi e era uma das primeiras vezes que ele fazia tudo sozinho. Mas, ao urinar, o garoto teve uma crise de choro e a mãe ficou preocupada. O filho poderia estar com alguma infecção urinária ou algum outro problema de saúde e ela pensou na possibilidade de agendar uma consulta ao médico. No dia seguinte, o garoto voltou a chorar. A mãe percebeu que a urina tinha cor normal, não havia nenhum traço de sangue e externamente o "pipi" do menino não apresentava nenhuma inflamação. A mãe perguntou: "Dói quando você faz xixi?" O menino disse que não. "Então por que você está chorando?", quis saber a mãe. "Porque o xixi tá indo embora", respondeu o menino entre lágrimas. Ele não queria "perder" o xixi. Era uma coisa que lhe pertencia e, no entanto, estava se esvaindo e ele não conseguia fazer nada para impedir a perda. Isso deixava o menino aflito.

Essa história pode ser engraçada, mas ilustra um comportamento que até mesmo nós, adultos, costumamos ter em várias situações da vida. Quantas pessoas vivem relações afetivas que já deram o que tinham de dar e mesmo assim não querem se desapegar? Quantos de nós não estamos em empregos que já não correspondem a todo nosso potencial e mesmo assim batemos o cartão todos os dias, frustrados e insatisfeitos? Quantos objetos não ficam entulhando a gaveta, o armário, o quarto, a casa, nossa vida, e não nos desfazemos das tralhas todas? Quantos ressentimentos antigos não são guardados no coração e nos impedem de tocar a vida em frente? Quantas ilusões não alimentamos na expectativa de realizar um desejo que qualquer pessoa percebe que é inviável? Quantas tristezas não são conservadas na memória e roubam as possibilidades de sermos felizes? Tudo isso é xixi que precisamos eliminar. A vida precisa fluir. Assim como a retenção de água no organismo causa problemas à saúde, a retenção de valores, ideias, conceitos, sentimentos negativos, apegos e ilusões também faz mal à nossa saúde psicológica.

O fluxo é necessário não só para abrir espaço para o novo, mas também para que todas as coisas à nossa volta sejam beneficiadas. Permitir o fluxo é beneficiar. Impedir o fluxo é prejudicar, é sinal de egoísmo, de apego. Se represarmos um riacho para ter água apenas na nossa propriedade, prejudicaremos a vida de tudo e de todos que vivem rio abaixo.

Na China, cita-se o dragão para falar da importância de deixarmos que as coisas fluam, de não retermos nada e de abrirmos mão do egoísmo. Ao contrário do que acontece no Ocidente, para os orientais o dragão é uma criatura do Bem. Segundo as lendas chinesas, o dragão é um ser celestial que traz boa fortuna, saúde e prosperidade para as famílias que tiverem o privilégio de receber sua visita.

Quando o dragão entra pela porta da casa, o dono deve fazer reverências e agradecer pela visita e pela boa sorte. Com a visita vêm a riqueza, a felicidade e o bem-estar. A boa sorte é uma oportunidade rara e por isso deve-se agradecer pela presença do dragão, mas não se pode tentar prendê-lo na casa com a intenção de ter a boa fortuna para sempre. Se segurar o dragão, a pessoa perde tudo.

Em termos simbólicos, isso mostra que devemos nos sentir gratos pelas boas oportunidades, mas não podemos ter ambições demais nem querer reter as vantagens só para nós. A parábola mostra que podemos perder tudo por causa do egoísmo e da cobiça. A perda só acontece porque, ao reter o dragão, outras famílias não poderão desfrutar da boa fortuna que ele promove. O egoísmo é punido com a perda.

O dragão precisa continuar seu caminho. Precisa visitar outras paragens e outras famílias. Retê-lo é um apego egoísta que impedirá a felicidade de outras pessoas. Reter é interromper o fluxo. A pessoa só tem a perder com isso.

O fluxo da água ensina que precisamos ser desprendidos. Precisamos ter uma postura de desapego tanto para as coisas boas, como a sorte e a riqueza, quanto para as coisas ruins, como os ressentimentos e a tristeza. Porque tudo é mutável e impermanente. Porque tudo na vida, como a água, é fluxo.

O OCEANO É GRANDE PORQUE FICA NO LUGAR MAIS BAIXO

Os chineses se perguntavam: "Por que o oceano é tão grande? Por que ele é a maior extensão de água que existe no mundo?" A resposta a que chegaram é simples e surpreendente: o oceano é grande porque fica no lugar mais baixo. Porque fica onde ninguém quer ficar, num lugar que as pessoas desprezam. Ninguém quer ficar por baixo. Todo mundo quer estar no topo do mundo, na ponta da pirâmide social, no escalão superior da hierarquia empresarial, no alto do *podium*, na *pole position*. É isso que a sociedade competitiva nos ensina nas famílias, escolas e empresas.

Ao perceberem que o oceano é grande porque ocupa a posição mais baixa, os taoistas chegaram à conclusão de que *só é grande aquele que é humilde*. A água não se esforça para ficar nos lugares mais altos. Não tem intenção de ir para o topo das montanhas. Na Natureza, só uma pequena quantidade de água fica nos picos das montanhas. E mesmo assim é gelo, uma água fria, rígida e não a água fluida que promove a vida. O gelo se parece com alguns executivos: frios, rígidos, egoístas, que só pensam em lucros e vantagens, custe o que custar. Também não é diferente de alguns líderes espirituais egocêntricos que têm posturas rígidas, dogmáticas, e só querem exercitar o poder.

Os sábios orientais valorizavam a modéstia e a humildade. Não só os orientais, claro. Na Bíblia, encontramos frases como: "Quem de vós quiser ser grande deve tornar-se o vosso servidor (da Igreja)". Dentro das grandes corporações também tem surgido um movimento de valorização da interioridade entre os altos executivos. Na edição de abril de 2005, *Você S/A*, uma conceituada revista destinada a executivos e empresários brasileiros, publicou um artigo de capa que falava da importância do *Líder Espiritualizado*. Um dos pontos mais surpreendentes da matéria é a afirmação de que o dirigente mais eficiente é aquele que quer *servir* e não *ser servido*! Há alguns anos, uma frase como essa teria pouca receptividade no ambiente empresarial. No entanto, a revista relaciona diversas empresas de grande porte, nacionais e multinacionais, que já fazem trabalhos de desenvolvimento da interioridade com seus funcionários mais graduados.

A água é o melhor exemplo do que significa servir. Ela irriga a terra, alimenta as plantas e os animais, serve de *habitat* para peixes e outras criaturas, embeleza os céus com as nuvens, serve como base líquida do sangue e das secreções. Tudo isso em silêncio, com humildade. A água não "se acha", não se exibe, não diz que "faz e acontece". Em todos os lugares que está presente, a água se coloca como um instrumento da vida, como um símbolo de modéstia, e não como protagonista ou estrela do *show*.

A missão da água é servir. Assim como a água, os antigos sábios também se viam como canais, como veículos de transmissão da sabedoria que haviam aprendido com seus mestres e com a Natureza. A água sabe que suas qualidades não são méritos seus, mas da própria Natureza. Do mesmo modo, os mestres acreditavam que a sabedoria vem da Natureza, de uma esfera maior e transcendente, e não era uma qualidade pessoal de que pudessem se vangloriar. Sabiam que eles eram apenas instrumentos da Natureza e que só existe uma única missão nesta vida: servir. Era nessa humildade que estava (e está) a grandeza dos sábios.

Uma das preocupações do mundo corporativo moderno é o alinhamento da missão pessoal dos seus executivos com a missão da empresa. Se o profissional não se sente engajado na missão e nos valores da empresa em que trabalha, então não há afinidade (a água não irá pelo caminho mais fácil). Ele terá de fazer um esforço grande para desempenhar suas funções e, a despeito de todo o esforço, os retornos, tanto para a empresa quanto para o profissional, poderão ser pouco significativos. Se não existem afinidade e alinhamento, o profissional não "veste a camisa" da empresa. Sua energia se desgastará em atividades não gratificantes, em objetivos que não correspondem ao seu ideal de vida.

O conhecimento de si mesmo, o interiorizar-se, como faz a água, é o caminho para descobrir o sentido de missão pessoal. A água ensina que a única missão que existe é servir. Podemos trabalhar em qualquer atividade, mas a missão será sempre a mesma: servir. E servir significa beneficiar, usar nosso talento e nossos conhecimentos para colaborar para o desenvolvimento da humanidade. Servir é ser um instrumento dos valores mais elevados da vida, a Sabedoria, a Paz, o Humanismo e a reverência à Natureza. A missão, por essa óptica, não é um interesse pessoal e egoísta. Por isso ninguém deveria conceber que ser rico ou famoso possa ser uma missão de vida. Seria um objetivo muito pobre e não traria uma verdadeira alegria interior. *Missão transcende interesses pessoais.*

Quando percebemos em qual função ou em quais atividades nos sentimos felizes e gratificados, podemos ter uma ideia do caminho que mais se aproxima da nossa verdadeira missão de vida. Quando descobrimos com qual trabalho podemos servir melhor à humanidade, por mais humilde e simples que seja, sentimos o que significam "responsabilidade" e "compromisso". Percebemos que somos instrumentos de algo que ultrapassa o ego. O serviço e a humildade são duas das características mais frequentes entre os profissionais felizes e realizados. Pelas iniciativas de consultoria empresarial que podemos observar hoje em dia, existem boas perspectivas para os profissionais sensíveis e comprometidos com a realização pessoal. Ainda que de modo discreto, o conhecimento de si mesmo, a humildade, o servir, o sentido de missão de vida, o voluntariado, a responsabilidade social e ecológica já começaram a fazer parte das preocupações do mundo corporativo de mentalidade mais arejada.

Um rio de talentos

Outra qualidade que os sábios reconheceram no oceano é a receptividade. O oceano é grande também porque acolhe todos os rios. Não importa de onde venham, o oceano não tem preconceitos nem exclui qualquer rio. Ele não diz: "Eu só aceito as águas desse e desse rio. Daquele riozinho lá, eu não quero". Do mesmo modo, o sábio é grande porque dá atenção a todas as pessoas, sem distinção. Para ele, não existe ninguém imprestável. Todos têm valor e, no final das contas, ajudam o próprio sábio a ser cada vez mais valorizado. Numa empresa é a mesma coisa. Se o líder é humilde, as pessoas não se intimidam em procurá-lo para oferecer sugestões e opiniões. Cada funcionário é como um rio que tem talentos, conhecimentos, potenciais (às vezes ocultos) que podem contribuir para o desempenho mais eficiente do líder. E da própria empresa.

No *I Ching – O livro das mutações*, encontramos frases como: "As pessoas amam aquele que é modesto e odeiam aqueles que são cheios de si" e "As pessoas logo desistem de aconselhar aqueles que julgam saber sempre mais que os outros".

Fica claro que todos vão em direção daquele que é modesto e se afastam daquele que é presunçoso. Uma pessoa cheia de si não ouve ninguém, considera todos inferiores e incompetentes. É cheia de ideias preconcebidas, acredita que tem resposta para tudo e só ela entende das coisas. Ela se coloca acima de todos e não acolhe ninguém. Essa postura faz que as pessoas se afastem dela e não queiram colaborar em suas tarefas. Em pouco tempo, a pessoa estará isolada como uma pequena poça d'água ou um punhado de gelo no pico da montanha. Ninguém irá até ela, não será procurada como acontece com o oceano e o sábio.

Para os taoistas, o fato de o grande ficar por cima é um pressuposto óbvio e por isso mesmo não há nada de extraordinário. A diferença efetiva acontece quando o grande se mantém embaixo, quando o líder é humilde, quando o poderoso se coloca a serviço dos outros. O tirano subjuga a população, o verdadeiro estadista serve ao povo. O arrogante é pequeno porque só quer vantagens pessoais, o sábio é grande porque é humilde e deseja o bem de todos. Essa é uma das mais belas lições morais que os chineses aprenderam com a água.

EXISTE UMA ÚNICA ÁGUA NO MUNDO ~

Segundo a Ciência, a Terra tem cerca de 4,5 bilhões de anos. No começo, o planeta era uma bola incandescente que aos poucos se resfriou. Nesse processo, os vulcões liberaram grande quantidade de vapores na atmosfera. Mais tarde, com o resfriamento, os vapores se condensaram e se precipitaram em forma de chuva. Assim surgiram os rios, os lagos, os mares e os oceanos. A água que hoje alimenta e beneficia tudo que existe na Terra é a mesma desde a sua formação.

Em maior ou em menor quantidade, a água está presente em todos os cantos da Terra. O gelo do Polo Norte é água, as nuvens do céu do Deserto de Atacama são água. Todos os seres vivos têm água na sua composição bioquímica. Existe água no sangue do ser humano e no sangue do beija-flor. Na pétala da rosa e no pé de jatobá. Existe água no xixi do bebê e na lágrima da velhinha. No suor do leão que caça uma gazela e no néctar da flor. Existe água na caldeira da maria-fumaça e no molho de tomate do macarrão da *mama*. Toda essa água circula na Terra sem cessar, desde a sua formação, há bilhões de anos. Tudo é ciclo. E é sempre a mesma água.

Ao beber um copo de água, não se bebe apenas água. Bebem-se todas as memórias da água e toda a história do planeta. A água que bebemos hoje já foi chuva, rio e oceano. Já foi gelo da Era Glacial, sangue do Homem de Neanderthal e lavou as mãos de Pôncio Pilatos. Já foi vapor de maria-fumaça e transpiração de leão e gazela. Já foi nuvem do Atacama e molho de tomate. Já foi xixi de bebê e néctar que alimenta o beija-flor. Já foi lágrima de uma velhinha e seiva de rosa. Porque, como diziam os sábios, existe uma única água no mundo.

A percepção do ciclo da água levou os chineses à ideia de *unicidade* e, como consequência, a um sentimento de reverência. A água, para eles, não é só sábia, mas, especialmente, sagrada. Como tudo. Para os sábios, assim como a água é uma só, tudo no mundo é uma coisa só. E tudo é sagrado.

De acordo com essa visão, se tudo é uma coisa só, quando

se toca uma parte, toca-se o todo. Tocar a folha é tocar a árvore. Ao se tocar os cabelos, toca-se a pessoa. Quando se toca a gota de orvalho, toca-se toda a água do planeta. Pensar em unicidade é pensar no todo, na inter-relação de todas as coisas do mundo.

Espinhas dorsais do Oriente

A unicidade da água mostra que nada está isolado, nada está fora do todo e tudo forma uma única realidade. Nada é imprestável ou sem função. A nuvem, o rio, a neve, a transpiração, a lágrima, a chuva, todas as manifestações da água têm função. Em essência, nada e ninguém é melhor do que outra coisa ou outra pessoa. Tudo e todos merecem o mesmo respeito, a mesma reverência.

Com base na unicidade, os sábios orientais desenvolveram o conceito de *compaixão*. Para eles, compaixão não significa "pena", "piedade". Sentimentos como piedade podem, em muitos casos, ferir a dignidade da outra pessoa, como se ela fosse uma infeliz, incapaz. Compaixão, na óptica oriental, é um sentimento que dignifica e valoriza a outra pessoa, porque somos capazes de nos colocar em seu lugar. É um sentimento de afeição por todas as coisas.

Pela compaixão pode-se gostar da água, da lágrima, da velhinha, da chuva, dos peixes, da planta, da borboleta, da humanidade e da Natureza. Quando se tem compaixão verdadeira, não existe separação entre gota de chuva e oceano, entre terra e planta, entre borboleta e ar, entre uma pessoa e outra, entre ser humano e Natureza. Tudo se torna uma coisa só. Para os taoistas, é importante desenvolver a compaixão porque eles entendem que uma coisa interfere na outra, uma coisa está ligada na outra. Sabem que gostar de uma parte é gostar do todo e gostar do todo é gostar de cada uma das partes. Respeitar a Natureza é respeitar cada gota de chuva, cada ser humano. Qualquer pedaço de algo sagrado é sagrado.

Os conceitos de unicidade e de compaixão são espinhas dorsais do pensamento oriental. Vamos encontrá-los relacionados com vários elementos da Natureza e, consequentemente, em vários momentos deste livro.

Pelo fato de estar em todos os lugares e ser abundante no planeta, a água é pouco valorizada. Pensando-se no mercado, não é valiosa como o ouro, o diamante ou o petróleo; no entanto, no que diz respeito à vida, poucas coisas são tão preciosas.

A água é discreta. Participa de todos os processos da vida do planeta e não se vangloria de nada. Procura os lugares mais baixos, acolhe a todos, se adapta às situações, flui, se interioriza, não briga com ninguém e não faz nada além de beneficiar as coisas. Humilde, a água não deseja nada a não ser servir a tudo e a todos. A água nos mostra a ligação de todas as coisas, que todos os fenômenos são a manifestação de uma coisa só, de uma coisa que é sagrada, transcendente. Por tudo isso, a água sempre foi uma mestra inspiradora para os sábios chineses.

.3.

As lições do bambu

O BAMBU ENRAÍZA-SE BEM FUNDO ANTES DE CRESCER FORA DA TERRA 〜

Há milhares de anos, o bambu tem servido de referência de sabedoria para os taoistas e está presente em pinturas, em poemas e na decoração dos lares japoneses e chineses. Nas próximas páginas vamos ver algumas lições que os sábios aprenderam com o bambu.

O primeiro ensinamento, como não poderia deixar de ser, começa pelo começo: pela semente.

Existe um fato curioso na floração e na formação das sementes do bambu. Pouca gente no mundo viu sementes de bambu. Segundo cultivadores da planta, o bambu leva cerca de vinte anos para florir e produzir sementes. Algumas espécies podem demorar até cem anos para dar sua primeira florada! Isso significa que quatro gerações de seres humanos podem viver sem jamais ver suas flores e sementes. Como se percebe, o bambu não tem pressa nenhuma para fazer o que tem de ser feito. O tempo é seu instrumento e seu campo de ação.

Outro fato surpreendente: de acordo com os estudiosos, alguns tipos de bambu morrem depois da florada. É no fim da vida que ele realiza a função mais importante de sua existência. Não é sem razão que, no Oriente, essa planta seja cultuada, admirada e cercada de tantos mistérios.

O bambu, quando plantado por semente, tem uma maneira tão peculiar de brotar e crescer que chamou a atenção dos chineses e se tornou uma grande lição de sabedoria.

A semente, depois de colocada no solo, demora muito tempo para apresentar sinais externos de que vai vingar. No início, a semente se transforma num bulbo e depois de algum tempo surge um pequeno broto. Esse broto permanece inalterado sob o solo por um longo período.

Passam-se meses e o broto não cresce. Passa-se um ano, dois anos, e ainda não se percebe nenhum crescimento fora da superfície. Todo o desenvolvimento do bambu acontece debaixo da terra e ninguém vê. Durante um longo período, as raízes se aprofundam e se espalham pela terra, palmo a palmo, em silêncio. Três, quatro anos depois, as raízes continuam a construir uma rede compacta de ramificações, mas o broto permanece do mesmo tamanho. Somente depois que as raízes já atingiram dezenas de metros, ao longo de cinco anos de incessante trabalho, é que o broto começa a se projetar para fora da superfície. Aí, em pouco tempo, o bambu cresce vertiginosamente e atinge a altura de 25 metros!

Há alguns anos, circulou pela Internet um texto com este conteúdo no qual Stephen R. Covey, consultor organizacional e palestrante em assuntos de liderança, comenta: "Muitas coisas na vida pessoal e profissional são iguais ao bambu chinês. Você trabalha, investe tempo e esforço, faz tudo que pode para nutrir seu crescimento e às vezes não vê nada por semanas, meses ou anos. Mas, se tiver paciência para continuar trabalhando, persistindo e nutrindo, o seu quinto ano chegará, e, com ele, virão um crescimento e mudanças que você jamais esperava".

Ilusão do sucesso imediato

Ao observar o comportamento do bambu, os chineses descobriram a importância da paciência e da determinação. Muitas vezes, queremos que as coisas aconteçam rapidamente e ficamos impacientes diante da demora dos resultados. Parece que tudo que fizemos ou fazemos é em vão, que nada está acontecendo. Nessas horas é fácil pensarmos em desistir de tudo. O bambu ensina que precisamos ser determinados, que nada acontece de uma hora para outra.

Os taoistas dizem que "as plantas do pântano crescem rapidamente, mas são fáceis de arrancar". Crescer em pouco tempo não significa estabilidade. Quanto mais rápido for o crescimento, menos estável será a planta porque não haverá tempo para uma estruturação interna, para um enraizamento que dê segurança. Num paralelo à vida humana, se tivermos pressa, poderemos acabar construindo alguma coisa em cima de um solo movediço, sem firmeza, como num pântano. E todo o esforço será em vão.

Se a preocupação for mostrar resultados imediatos, corre-se o risco de sacrificar as bases, o alicerce, e, com isso, coloca-se tudo a perder. O imediatismo pode ser sinal de falta de planejamento. É no planejamento que se prevê o tempo necessário para a criação de uma base sólida e estável antes de apresentar resultados visíveis e espetaculares. O foco deve ser no *processo* em si e não no *resultado*. Enquanto o broto está no subterrâneo, longe da vista das pessoas, ele permanece calmo, concentrado, e espera o momento certo para se expor e mostrar a que veio. Ele sabe que, enquanto as raízes não estiverem firmes e bem espalhadas, não adianta sair para a superfície e crescer de uma vez. Sem raízes fortes, o bambu cairia na primeira ventania.

O mundo atual valoriza demais as aparências. Para a sociedade, o sucesso precisa ser visível e as pessoas precisam estar cada vez mais presentes nos círculos sociais, nos meios empresariais, nas mídias. Quanto mais audiência, melhor, acreditam.

Existe uma ânsia enorme em ser conhecido por um número cada vez maior de pessoas e em tempo recorde. Muita gente se deixa levar pela ilusão do sucesso meteórico, pelos "quinze minutos de fama", e não se estrutura para uma carreira de longo fôlego. Não é raro acontecer isso entre artistas, modelos, participantes de *reality shows* como o *Big Brother* e congêneres, cantores de músicas descartáveis, colunáveis, *socialites* e outras personalidades que se tornam a "celebridade da vez". Isso acontece com qualquer pessoa que, como dizia o psiquiatra suíço Carl Gustav Jung, "sofra" um sucesso repentino. Muitos ganham fama e uma grande soma de dinheiro em pouco tempo e perdem tudo, na temporada seguinte. O erro fatal é acreditar que o crescimento rápido e espetacular é mais importante do que construir uma base sólida. O trabalho de estruturação, assim como o enraizamento do bambu, é demorado, feito longe da vista das pessoas, no anonimato, mas só assim é possível desenvolver a convicção de estar construindo algo verdadeiro, duradouro e firme. Só assim é possível construir algo estável, enraizado.

Primeiro se funda o alicerce, depois se constrói a estrutura externa. Essa lição do bambu é válida para todos os campos da nossa vida, tanto no profissional, empresarial, pessoal, como no afetivo. Precisamos ter intenção e objetivos claros, plantar a semente no solo, iniciar o processo e ter determinação para esperar com paciência o momento certo para ver realizado o que se planejou. Sem paciência, nada é possível.

Paciência é fruto da confiança

É comum ouvirmos falar da proverbial paciência oriental: "É preciso paciência de chinês para fazer isso!" Sem dúvida, o

Taoismo prega a paciência como uma das grandes virtudes da pessoa. Mas, se observarmos bem, vamos notar que a paciência em si não é a principal qualidade dos sábios. A paciência é, na realidade, consequência de outra qualidade ainda maior. Existe algo superior à paciência que proporcionou aos sábios chineses a capacidade de esperar, o que quer que fosse, sem ansiedade, medo ou expectativas. Existe algo mais profundo que nos torna pacientes, tranquilos, seguros. Esse "algo" é a *confiança*. A paciência é consequência da confiança.

Quando chega o outono prenunciando o frio do inverno, os chineses não se aborrecem, não se preocupam. A temporada do frio e da estagnação da Natureza pode até demorar muito, mas eles não perdem a paciência, não ficam ansiosos. Eles confiam que no tempo certo os ventos quentes voltarão a soprar sobre a terra, o Sol voltará a brilhar com toda sua intensidade e a vida se renovará. Como eles conhecem a Natureza e os ciclos, sabem como as coisas funcionam. Confiam no processo natural. O bambu que foi plantado por meio da semente também confia na Natureza e por isso sabe esperar a hora certa para crescer.

Todo tempo de espera é tempo de crescimento e de aprendizagem. Ou, no mínimo, é uma oportunidade de exercitar a paciência, a perseverança e a determinação. Aprendemos muito com a passagem do tempo. No para-choque de um caminhão que circula pelas estradas do Brasil, escreveram a seguinte frase: "Os anos ensinam coisas que os dias desconhecem". Isso é tão profundo que nem parece frase de para-choque! Uma das coisas que os anos podem nos ensinar é ver como as coisas funcionam e a confiar na vida. É isso que significam maturidade e experiência.

Se não temos confiança na vida e nos processos naturais, somos tomados pelo medo e pela angústia. Começamos a imaginar e agigantar as dificuldades que vamos enfrentar, os perigos, os fracassos, as frustrações. Ocupamo-nos antes do tempo com medos imaginários e com coisas que ainda nem aconteceram. Podemos chamar isso de "pré-ocupação". E as preocupações desse tipo não servem para nada, apenas para nos roubar a energia e a paz interior.

Confúcio comenta no *I Ching – O livro das mutações*: "Que necessidade tem a Natureza de pensamentos e preocupações? Na Natureza todas as coisas retornam à origem comum e se distribuem pelos diferentes caminhos. Por meio de uma única ação, os frutos de uma centena de pensamentos se realizam. Que necessidade tem a Natureza de pensamentos, de preocupações?" O sábio nos diz que todos os pensamentos e todas as preocupações são resolvidos numa única ação da Natureza e tudo se encaminha como deve ser, por diferentes caminhos, mas para uma mesma direção, para um mesmo fim.

No final, tudo é um retorno à origem comum de todas as coisas. Nós, seres humanos, não somos capazes de conhecer todos os diferentes caminhos da Natureza. É impossível, são infinitos. Mas podemos confiar que a Natureza vai pelo caminho mais sábio em todas as situações. A Natureza é um todo coordenado, sincrônico, é uma teia complexa em que todas as coisas estão interconectadas numa lógica global desde o átomo até o Cosmo. Às vezes, uma pessoa precisa quebrar a cabeça, pensar dezenas ou centenas de vezes sobre um assunto isolado até conseguir chegar a uma conclusão e a uma decisão. E, no final, muitas vezes acaba fazendo a mesma coisa que a Natureza faria sem nenhuma preocupação, sem nenhum esforço, porque era mais natural, mais fácil. Os sábios sabem que a tranquilidade e a confiança na vida e na Natureza preservam o equilíbrio interior e permitem que as ações sejam mais eficientes e sábias.

O tempo é um aliado

O broto de bambu não cede às preocupações. Ao contrário, ele desenvolve suas bases, sua confiança. Ele não fica preocupado em apresentar resultados, em "mostrar serviço". Não liga que alguém o chame de preguiçoso, acomodado. Ele sabe o que está fazendo e o que deve ser feito. Tem a segurança de saber que está se preparando e aguardando o momento certo. Sabe que a hora vai chegar e que ele atingirá mais de 25 metros de altura. Confia no futuro e vive o presente. Não se permite sofrer pensando em coisas que talvez possam acontecer mais para a frente. A ansiedade atrapalha demais a vida das pessoas.

Existe uma anedota que ilustra isso. Uma pessoa foi para uma entrevista de emprego. O entrevistador percebeu que o candidato era ansioso demais e o dispensou com uma desculpa: "A vaga já foi preenchida. Volte daqui a um ano...". O candidato foi logo pegando a agenda e a caneta, e perguntando: "A que horas?"

Não adianta se preocupar demais com as coisas do futuro. O melhor é cuidar das coisas possíveis do presente. No caso do candidato, seria melhor se ele fizesse uma terapia para trabalhar sua ansiedade. Quem sabe assim seria mais fácil conseguir um emprego.

"O sábio não deixa seus pensamentos irem além da situação em que se encontra", diz o *I Ching – O livro das mutações*. "Os pensamentos devem se limitar à situação de fato, ao contexto atual da vida". Em outro trecho, adverte: "Todo pensar que vai além do momento presente, apenas faz sofrer o coração". Quando saímos do momento presente, ficamos inquietos, somos arrastados por medos imaginários e, muitas vezes, tomamos atitudes precipitadas com a intenção de manipular o destino. Com isso, aquilo que seria correto e natural acontecer pode não se realizar. Só a confiança pode nos dar força para viver o presente tal como se apresenta, sem ansiedade. Os sábios diziam que o tempo não é nosso inimigo, mas nosso aliado. Essa é uma visão muito diferente da mitologia grega em que Cronos, o senhor do tempo, era uma divindade que devorava seus filhos. Para nós, ocidentais, o tempo come as pessoas, consome nossas vidas.

Os chineses têm uma relação diferente com o tempo. Para eles, as coisas acontecem no tempo. Tudo se realiza porque existe o tempo. O presente é o tempo da realização, o momento em que as coisas estão sendo realizadas. Para os sábios orientais, nada é mais concreto do que o momento presente. O passado e o futuro são conceitos abstratos e irreais. Para eles, só existe o presente. Só se pode atuar de forma concreta no presente, nunca no passado ou no futuro. Tudo que aconteceu no passado é fato consumado, não há mais nada que se possa fazer. Podemos aprender com o passado, mas não podemos alterá-lo. O futuro ainda virá e o máximo que podemos fazer é preparar o terreno como quem prepara a terra para a lavoura, ou como quem planta uma semente de bambu.

Não convém antecipar nada nem permitir que nossa imaginação crie "filminhos" com roteiros fantasiosos e românticos das coisas que gostaríamos que acontecessem. Imaginação nesse caso é escapismo, é ilusão. Do mesmo modo, não é saudável nos deixar levar por pensamentos catastróficos porque eles também não são realidade. Os sábios conseguiam ver as coisas com objetividade, como uma realidade presente, sem fantasias ou medos irreais, e por isso não se deixavam enganar. Eles tinham confiança e segurança interior e assim conseguiam resistir e esperar. Se o bambu é capaz de viver apenas o presente, de confiar dia após dia, mês após mês, e esperar até cinco anos antes de crescer, os sábios também conseguem ter a mesma paciência, a mesma determinação. É uma questão de disciplina mental. Segundo o *I Ching - O livro das mutações*, essa "força interior é mais poderosa do que a sorte".

Num livro de cartuns, havia um desenho engraçado. Aparecia um homem com um regador na mão e duas mudas de árvores recém-plantadas. As arvorezinhas não alcançavam nem um palmo de altura, mas o homem já havia prendido uma rede de deitar nos finíssimos troncos. Isso sim que é ser pra lá de confiante! Esse homem é mais "taoista" do que os taoistas...

O *I Ching* diz que "enquanto preparamos a terra e aramos não devemos pensar na colheita". Existe um momento para cada coisa. E cada coisa deve ser feita no seu próprio momento. Se for tempo de preparar a terra, a atenção deve estar no preparo da terra e não na aragem. Se for hora de arar, tudo que tem de fazer é arar, e não se preocupar com a colheita. A Bíblia, no Eclesiastes, também fala disso: "Tudo tem o seu momento próprio, e há tempo para todo propósito debaixo do céu". Os sábios confiam porque sabem que existe algo superior que rege todos os fenômenos da vida.

Reconhecer o que o momento presente exige e confiar: esse

é o segredo do bambu chinês. O bambu simplesmente faz o que tem de ser feito, no momento que tem de ser feito. E faz tudo com serenidade, segurança e coragem. Não pensa nos resultados nem sofre por antecipação. O bambu, assim como o sábio, tem confiança plena no processo, nos movimentos da Natureza e na perfeição do universo.

O BAMBU CRESCE RETO E SATISFEITO COM SEU ESPAÇO

Quem assistiu aos filmes *O tigre e o dragão*, do diretor Ang Lee, e *O clã das adagas voadoras*, do diretor Zhang Yimou, deve ter reparado nos bambuzais chineses. São enormes, verdadeiras florestas. Um detalhe que chama a atenção é que cada pé do bambu chinês se desenvolve isoladamente e não em touceiras como se vê no Brasil. Existe um espaço de cerca de um metro entre um bambu e outro. Com base nesse fato, os chineses chegaram a conclusões muito interessantes.

Ao contrário das árvores, o bambu chinês é humilde, precisa de pouco espaço, não é "espaçoso", não toma o lugar de ninguém. Não é como algumas pessoas que chegam, ocupam tudo, invadem nosso território, pegam nossas coisas, atrapalham, querem cada vez mais. Não. O bambu cresce reto, "na dele".

Crescer reto é respeitar o espaço alheio. É não invadir, é não atrapalhar nem solicitar o outro por qualquer coisa, a toda hora. Para os taoistas, o espaço do outro é sagrado porque considera sagrado o seu próprio espaço. O sábio quer crescer com retidão, sem desvios, sem interferir na vida alheia, sem fazer intervenções no processo natural da outra pessoa. E para evitar ser invadido não oferece ajuda nem dá opiniões se não for solicitado. Certa vez, Tatiana, uma jovem terapeuta corporal, fez o seguinte comentário: "Ajuda sem que o outro peça é invasão". Sábias palavras.

Crescer reto quer dizer não olhar para os lados, não competir com os outros, não se deter por coisas menores como comparação, cobiça ou inveja. O bambu não fica se comparando com outra planta para saber quem cresce mais rápido, quem fica mais alto, quem faz mais sombra, quem chama mais a atenção nos barzinhos de paquera, quem tem o carro mais caro ou o sapato mais chique. Ele tem mais o que fazer. O importante para ele é fazer o que precisa ser feito, de forma objetiva, sem se deter, sem atrasos de vida.

O bambu está satisfeito com o pequeno espaço que lhe cabe. O sábio também não quer abraçar o mundo, não tem cobiça, não quer acumular nada, está satisfeito com o que tem. Tanto o bambu quanto o sábio não querem ocupar o espaço do outro, não fazem comparações, não competem, estão satisfeitos com o que têm porque possuem uma qualidade fundamental: o senso de suficiência.

Os chineses têm uma frase sobre o suficiente que é surpreendentemente simples e óbvia: "Quem se satisfaz com o suficiente sempre tem o suficiente". Para o bambu, o espaço que ele conta para crescer é mais do que suficiente. Ele não perde tempo olhando o terreno do outro, não precisa comparar para saber se tem mais ou menos espaço do que o bambu vizinho, não precisa cobiçar um torrão maior, não deseja ser maior, mais visível, invejado. Ele acha que aquilo que já possui é suficiente e não deseja mais do que isso.

Mesmo no Ocidente, vamos encontrar pensadores que falam desse tema, como o filósofo italiano Sêneca que, em meados do século I da nossa era, disse: "Só desejarás a justa medida das riquezas: primeiro, o necessário; segundo, o suficiente".

Se desejamos alguma coisa, é porque estamos insatisfeitos com o que temos, porque achamos que o que temos não é suficiente. Desejar coisas, em si, não é um mal. Isso até ajuda a sociedade a progredir, nos traz conforto e prazer. Todos nós temos desejos, vontades, sonhos de consumo. Se não fossem os desejos, não haveria progresso econômico, as indústrias fechariam, o comércio pararia, não teríamos todas as comodidades da vida moderna.

Mas, por outro lado, se não houvesse tantos desejos, não haveria tantos consumidores compulsivos, não se destruiria tanto a Natureza atrás de matérias-primas. Não se poluiriam tanto o ar e as águas, não se acumulariam toneladas e toneladas de lixo no mundo. Não haveria tantas neuroses, tanta cobiça, tantos roubos, tanta violência, tanto sofrimento. O problema, enfim, não é o desejo em si, mas o consumismo desenfreado e a falta de percepção daquilo que é suficiente. Em termos ecológicos, aquele que deseja demais é, de forma direta ou indireta, um grande predador. Aquele que busca apenas o suficiente, ou algo próximo disso, contribui para um mundo sustentável e equilibrado.

Necessidade e desejo

O bambu só deseja o suficiente, o necessário. O sábio também não quer nada além da sua necessidade. As tradições orientais são bem claras em apontar o desejo como a origem dos sofrimentos. Dizem que a realidade do ser humano é o sofrimento, que é causado pelo desejo, e o único modo de suprimir esse sofrimento é o desapego.

Fazer que o desejo desapareça do coração do ser humano é utopia, um ideal romântico e ingênuo. Mas saber diferenciar o desejo da necessidade é algo viável e representa o primeiro passo para uma vida e um mundo mais saudável. Necessidade é uma carência primária que pode ser satisfeita, pode ser suprida com seu objeto primário. Atender a uma necessidade é atender a uma exigência básica, elementar.

Se numa refeição sentimos sede, um pouco de água é suficiente. Nossa necessidade é de água. Tomar um champanhe francês de uma safra rara na refeição não é bem uma necessidade, mas um desejo. Roupa para se proteger do frio é uma necessidade e qualquer peça adequada é suficiente. Já um "modelito" sofisticado de grife famosa comprado numa loja badalada é um desejo. Para se locomover para o trabalho, um carro simples pode ser suficiente, mas um veículo importado superpotente, com centenas de cavalos-vapor, cheio de opcionais, é um desejo e não uma necessidade.

Na necessidade, o que importa é a função primária, desprovida dos valores agregados e secundários. A função primária do carro é a locomoção, a função básica da roupa é proteger o corpo e a principal função da água é hidratar o organismo. Os objetos que atendem às necessidades primárias são os menos onerosos. Já o champanhe francês, a roupa de grife, o carro importado são mais caros porque as funções secundárias (*status*, prestígio, prazer) são atributos mais importantes do que as funções elementares. Nesses casos, paga-se muito mais pelo desejo, pelo prazer, do que pela necessidade primária.

O desejo, costuma-se dizer, é "um poço sem fundo". Nunca termina, não é possível satisfazer. Quando matamos o desejo de alguma coisa, sentimos prazer, mas em seguida temos outro desejo. Se foi possível obter aquele objeto cobiçado, desejamos ter mais um deste objeto ou desejamos um objeto que seja maior, mais difícil, mais raro, mais novo, mais potente, mais bonito, mais caro, mais isso, mais aquilo.

Se o desejo for grande, a função primária é insuficiente, isto é, a pessoa não se satisfaz com o suficiente e acaba despendendo muito dinheiro por causa disso. Ou mais do que dinheiro. Muitas vezes, paga-se com a intranquilidade, com a sensação de vazio interior, com compulsões consumistas, com dívidas enormes, com estresse, com surtos psicológicos, com doenças ou com a própria vida.

Uma pessoa muito preocupada com as aparências, por exemplo, colocou na cabeça que queria um apartamento de cobertura. Ela era uma profissional liberal, formada, morava num bom apartamento, mas achava que o imóvel e o bairro não condiziam com a sua posição. Alguns de seus colegas de profissão ostentavam um padrão maior e isso a incomodava. Vendeu sua residência e deu parte do valor recebido como entrada no tão sonhado apartamento de cobertura, numa região mais valorizada. Como o apartamento recém-adquirido era maior, não quis aproveitar os móveis da residência anterior e comprou tudo novo. As despesas com a decoração consumiram suas reservas financeiras, mas, no final, o apartamento ficou espetacular e deu prestígio à pessoa. Ela sentiu um grande prazer em receber os amigos na nova residência. Todos ficaram admirados.

Com o tempo, o condomínio começou a pesar, as contas básicas ficaram mais altas e sua renda não conseguia fazer frente às despesas cada vez maiores. "Estourou" seu limite do cheque especial, fez um rombo em todos os seus cartões de crédito, os juros foram se avolumando e ficou completamente endividada. A solução foi procurar um segundo trabalho. Mesmo assim, era difícil cobrir todos os compromissos financeiros. Aí, começou uma roda-viva de tormentos: irritava-se com todo mundo, seu casamento ficou estremecido, o desempenho no trabalho caiu muito, corria o risco de perder o emprego, não conseguia dormir direito por falta de tempo e por causa das preocupações. Passava o dia com sono, dirigia com desatenção e acabou se envolvendo num acidente de carro. Teve um prejuízo enorme. Precisou pagar o conserto do outro veículo com dinheiro do próprio bolso porque, por falta de recursos, não tinha feito seguro. Ficou estressada, teve despesas com médicos, exames e remédios, mas mesmo assim não saía dessa vida agitada. Um dia, teve um infarto e foi levada às pressas para a UTI. Com a parada compulsória em razão da cirurgia a que teve de se submeter, sobrou tempo para refletir sobre a situação em que se encontrava e o que estava fazendo com sua vida. Percebeu que, ao contrário do bambu, ela não estava satisfeita com seu espaço. Não estava satisfeita com o que tinha. Queria mais, muito mais. E havia pago por isso.

Prazer e felicidade

O bambu cresce sem desejos e satisfeito com o suficiente. O sábio tem consciência de que precisa de pouco para viver e ser feliz. Mais do que isso: ele sabe fazer uma distinção entre prazer e felicidade. O prazer é uma satisfação imediata, momentânea, física, explosiva, intensa. Ter prazer é satisfazer um desejo. Ter prazer é um "ter", por isso depende da posse de um objeto externo. É algo exterior. A felicidade, não. A felicidade é algo interior, duradouro, profundo e sereno. Ser feliz é um "ser" e não um "ter". A pessoa "é" feliz, ela não "possui" felicidade. Por isso não se diz "sou prazer", mas sim "tenho prazer". Do mesmo modo, não é usual dizer "tenho felicidade", mas sim "sou feliz".

Quem se contenta com o suficiente é feliz. Não sente necessidade de um prazer atrás do outro. Não é movido por desejos. Está satisfeito. Quem não é feliz sente um vazio interior, é insatisfeito, sente falta de alguma coisa, procura satisfação pelos desejos, pelos prazeres, e nada é suficiente. Procura ter, ter, ter. Ter cada vez mais. Quem é feliz é feliz, não precisa ser mais nada, não precisa ter muito.

Frei Betto costuma citar um episódio interessante como exemplo. Certa vez, Sócrates, pensador grego que viveu nos anos 400 antes de Cristo, resolveu passear pela praça do mercado da cidade. Lá, juntavam-se vendedores de todas as partes do país com seus mais diversos produtos como jarros, condimentos, azeite, frutas, animais, túnicas, tapetes, adereços e quinquilharias de toda espécie. Quando um vendedor perguntou se podia ajudá-lo em alguma coisa, o velho filósofo disse: "Obrigado, só estou observando quanta coisa existe de que eu não preciso para ser feliz". Hoje em dia, qualquer pessoa desprendida que percorrer os corredores de um *shopping center* também sente o que sentiu o sábio grego há 2.400 anos.

Os chineses têm outra frase simples e profunda: "Basta não achar sua vida desprezível para não sofrer com ela". Quando não estamos satisfeitos com o suficiente, com as coisas boas que já temos, nossa vida parece miserável, desprezível. Assim, o sofrimento é uma consequência inevitável. Mas quando nos contentamos com o suficiente, com as coisas boas que nos acontecem, tudo parece satisfatório, completo, rico.

Quem é feliz não faz comparações, não se mete na vida alheia, não compete, sabe o que é suficiência e não se deixa escravizar pelos desejos, pela cobiça. O bambu está satisfeito com tudo, por isso não sofre com sua situação. O bambu é sereno, despojado, cresce reto e satisfeito com seu espaço. É livre e feliz. O sábio que segue seu exemplo, também.

O BAMBU É UMA PLANTA MUITO SIMPLES

Se existisse um "desenhista industrial de árvores" que tivesse criado o bambu e fosse uma "estrela" no seu meio profissional, certamente iríamos ouvir coisas como: "Vejam só *o design* desta planta! Notem que linhas simples! É um visual *clean*. As folhas têm soluções elegantes e despretensiosas. O *layout* do caule é totalmente enxuto! Essa é a criação mais *zen* que eu já fiz na minha vida". Seria divertido. Dá até para imaginar os gestos teatrais e a entonação afetada... Mas, como foi a Natureza que criou o bambu, não precisamos ouvir nenhuma "figura" fazer um "memorial descritivo" da criação. A Natureza é criativa e modesta. Não faz alarde de nada.

De qualquer forma, é impossível não reparar no (com o perdão da palavra) *design* do bambu e nas suas características. O bambu chinês tem muita personalidade: é firme sem ser rígido, elegante sem ser chamativo, altivo sem ser arrogante. Mas ele é, acima de tudo, uma planta simples.

Quem já viu pinturas de aguadas chinesas *(shie-i)* ou japonesas *(sumi-ê)* percebeu que o bambu é um tema frequente. As imagens que representam o bambu se caracterizam pela simplicidade. Duas ou três pinceladas fazem o caule e um mesmo tanto de pinceladas retrata as folhas. Estes poucos traços de pincel são cercados por um grande espaço em branco, na folha de desenho. O resultado é de uma beleza que impressiona. No aspecto formal, a pintura chinesa retrata o mesmo despojamento da planta, com economia de traços. O bambu é um modelo de simplicidade e por isso ele é tão apreciado pelos orientais.

Eles gostam tanto, mas tanto de bambu, que até o comem...

Brincadeiras à parte, a simplicidade é uma virtude bastante valorizada pelos orientais. Ela é bem evidente nos tradicionais jardins de pedras brancas dos templos zen-budistas, na cerâmica, na decoração das antigas casas do Japão, nos poemas enxutos como os *hai-kais* e em outras manifestações artísticas.

As culturas chinesa e japonesa não se opõem à sofisticação, aos adornos rebuscados, como podemos observar nas armaduras dos samurais, nas caixas decoradas de charão (verniz de laca) e nos altares dos templos. Mas os orientais acham que nada é mais refinado e elegante do que a simplicidade. Por isso, mesmo entre todas as belas árvores que existem no Oriente como os pinheiros, salgueiros e cerejeiras, os orientais têm preferência pela singeleza do bambu.

O bambu está presente não só nas pinturas, mas também nos objetos domésticos como os *ohashis* (talheres orientais), colheres de arroz, canecas, esteiras, cestas, cercas das casas, e quase sempre de maneira bem simples. No Ocidente também encontramos pensamentos que falam da suficiência e da beleza da simplicidade, como neste texto bíblico: "Olhai os lírios do campo que não fiam nem tecem, mas nem Salomão, em toda sua pompa, jamais se vestiu como um deles". É uma forma poética para afirmar que nem mesmo os tecidos finos, o ouro e a majestade da vestimenta de um rei se comparam à beleza das coisas simples e naturais.

Simplicidade é uma qualidade estética universal. Grandes artistas e pensadores sabem disso. A intenção deles é produzir obras cada vez mais simples, mais limpas e despojadas. Para eles, a simplicidade é uma conquista, uma das principais qualidades de um trabalho, e não uma deficiência. Pintores como Picasso, especialmente na velhice, Piet Mondrian, Tikashi Fukushima, Juan Miró, Malevitch, Tomie Ohtake, escritores como Manoel de Barros, Mário Quintana, cineastas como Akira Kurosawa, dançarinos como o Kazuo Ohno, entre outros, seguiram esse caminho. Eles entendiam, assim como os taoistas, que o essencial é simples. Simples como o bambu.

O BAMBU TEM DIVISÕES QUE GARANTEM A RESISTÊNCIA

Antes de tratar da resistência do bambu, vamos falar sobre cordão de varal. Isso vai nos ajudar a entender uma grande lição do bambu.

Se pegarmos meio metro de cordão de náilon e tentar esticar como se fosse um elástico, não vamos conseguir. As linhas entrelaçadas do cordão são muito resistentes. Mas, se pegarmos um cordão de 30 metros, amarrarmos uma ponta numa pilastra e esticá-lo pela outra ponta, conseguiremos até dar um ou dois passos para trás. Num cordão de 30 metros as fibras são bem compridas e por isso têm mais elasticidade do que num pedaço de meio metro. É por isso que o cordão comprido de varal cede com o peso da roupa pendurada.

O bambu não é um tubo que vai da raiz ao topo. Não é como uma mangueira de plástico (dessas de regar o jardim) em que o oco vaza de uma extremidade a outra. O bambu tem divisões – os "nós" – e o caule é formado por vários segmentos chamados *colmos*. Se o talo do bambu não tivesse divisões, as fibras seriam compridas, iriam sem interrupções desde a raiz até o topo. Mas, se as fibras do bambu fossem tão compridas e sem divisões como o cordão do varal, elas esticariam demais e o caule poderia se dobrar com qualquer vento. Os nós do bambu têm a função de dividir e de limitar o comprimento das fibras do caule. Com isso, os antigos chineses perceberam que o que dá resistência ao bambu são as divisões, os limites. Transpondo essa imagem para a realidade humana, os sábios perceberam que são os limites que garantem a integridade da vida. As limitações são necessárias para organizar o mundo e para controlar as circunstâncias do cotidiano.

Segundo o *I Ching – O livro das mutações*, "a Natureza tem limites fixos para o verão e o inverno, para o dia e a noite, e são esses limites que dão sentido ao ano". O dia tem 24 horas, mas é dividido em períodos de claridade e de escuridão. Se houvesse apenas escuridão, os animais não conseguiriam absorver a energia solar necessária para a vida, as plantas não produziriam oxigênio, teríamos dificuldade de enxergar. Se tudo fosse apenas claridade, não conseguiríamos repousar, a temperatura do planeta se elevaria demais, as células dos olhos não suportariam o excesso de estímulos luminosos. Se o inverno durasse os 12 meses do ano, a vida no planeta paralisaria, não haveria a renovação que a primavera possibilita a cada ciclo. Todas as estações são etapas necessárias.

São os limites que garantem a resistência e a vida de tudo, desde uma simples planta como o bambu até a sobrevivência do planeta. Os ecologistas não se cansam de dizer que os recursos naturais não são eternos e que é preciso pôr limites às ações do homem. Se não houver uma preocupação com a vida sustentável, a humanidade chegará ao fim do limite e as consequências serão desastrosas.

Nada na vida é inesgotável e a falta de limites, em qualquer área, leva o ser humano à indefinição, à exaustão e, em alguns casos, até à autodestruição. O homem tem livre-arbítrio, mas não tem possibilidades ilimitadas. Isso não é próprio da natureza humana. Os limites autoimpostos com consciência são a base da ética e da formação do caráter. Segundo o *I Ching*, "são os limites definidos interiormente que permitem que possamos agir com desinteresse e com lealdade". Sem os limites aceitos por iniciativa própria, não somos capazes de comprometimentos com os nossos ideais, com as nossas relações afetivas, com as pessoas pelas quais somos responsáveis. Um homem que vive uma "síndrome de Don Juan", por exemplo, deseja todas as mulheres do mundo e pode se envolver com várias parceiras ao mesmo tempo. Mas se em dado momento da vida desejar ter uma relação de compromisso verdadeiro com alguma pessoa com intenção de constituir uma família, então ele precisará estabelecer, por sua própria decisão, limites mais definidos na sua vida afetiva. Se não fizer isso, sua vida se desenrolará numa indefinição que com o tempo parecerá sem sentido, sem direção, além de se atritar com as pessoas envolvidas como a esposa, os filhos, as amantes e os parentes. Toda relação com intenção de compromisso é um "contrato" entre as pessoas – não necessariamente formal – em que se definem os limites, os deveres e o quanto cada pessoa está disposta a se comprometer. E esses limites devem ser expostos com clareza, devem ser nítidos e visíveis como os nós do bambu.

Limitar as limitações

Em termos sociais, a falta de limites pode gerar atitudes condenáveis, das mais leves como dar palpites onde não se é chamado, até delitos sérios como roubar os recursos destinados aos aposentados da Previdência Social ou cometer atentados terroristas.

A Natureza faz que o bambu já tenha as divisões predefinidas desde o começo, quando ainda é apenas um broto. A quantidade de nós que existe no broto é a mesma quantidade que o caule terá quando crescer. A partir desse detalhe, os sábios aprenderam que os limites precisam ser ensinados desde a infância e não impostos apenas quando as crianças tiverem condições de entender as razões das limitações. Se os pais não impuserem limites firmes na educação dos filhos desde a mais tenra idade, ficarão à mercê dos caprichos das crianças e mais tarde perderão o controle sobre elas. Quando forem adultos, os filhos que não tiveram limites poderão se sentir despreparados para a vida por terem sido superprotegidos ou desenvolver comportamentos rebeldes. E, nos piores casos, poderão enveredar para o mundo do crime e causar problemas à comunidade.

Também precisamos prestar atenção aos limites das nossas despesas. Se não fixarmos limites aos gastos, podemos ter contratempos financeiros. Quando somos comedidos e vivemos de modo econômico – mesmo em épocas tranquilas –, estamos preparados para eventuais situações de dificuldades. Conseguimos garantir a preservação do patrimônio e evitamos que as pessoas à nossa volta sofram privações e prejuízos. Esses mesmos cuidados são indispensáveis para as contas de um país. O governo que gasta mais do que arrecada cria um rombo orçamentário que desequilibra toda a economia. Já vimos isso quando falamos sobre fluxo. Como se vê, o fluxo também precisa ser ordenado para que não se percam os limites.

Na visão taoista, limitação não implica proibição, privação ou exclusão de algum aspecto da vida. Limitar não é cortar para sempre alguma coisa. Tanto é assim que eles dizem que "é preciso impor limites a tudo, até mesmo às limitações". Ser chefe de família econômico é uma coisa, ser "tirano mão-de-vaca" é outra. Falar só o necessário num diálogo é uma coisa, ficar calado como uma múmia é outra. Quando alguém impõe limites exagerados à própria pessoa, o corpo acaba reagindo, ele se sente sufocado, angustiado, infeliz. Quando impomos limites sobre-humanos às outras pessoas, elas não suportam, se rebelam, entram em conflito aberto conosco e se afastam. O excesso de rigidez nos limites causa mais prejuízos do que benefícios, e o *I Ching* chama isso de "limitação amarga".

Limitação, segundo o Taoismo, significa *moderação*. Precisamos evitar os extremos tanto para mais quanto para menos.

Se o bambu tivesse divisões a cada centímetro, o caule seria rígido demais e numa situação de pressão quebraria. Se o bambu não tivesse nenhuma divisão, o talo seria muito flexível e também se quebraria. O bambu não tem divisões demais nem de menos, mas numa quantidade adequada para garantir flexibilidade sem rigidez. Quando os chineses falam em limites, eles estão se referindo a limites corretos, a atitudes moderadas.

Os mestres chineses defendem o conceito de *Áureo Meio-termo*, um meio-termo que é de ouro, como um conhecimento precioso. Para eles, uma coisa harmoniosa tem um pouco de cada coisa, como uma balança que tem pesos distribuídos de forma equilibrada. Uma pessoa saudável vive momentos de alegria e momentos de tristeza, em algumas situações é racional e em outras é emotiva; às vezes é idealista, às vezes é prática; às vezes volta-se para as coisas da alma, às vezes vivencia os prazeres materiais. Para os sábios o importante é a *plenitude*, a experiência de todas as coisas, e não a *perfeição*, especialmente se a perfeição implicar a mutilação dos aspectos naturais da vida. Daí a importância da moderação, dos limites corretos.

Se as fibras do bambu fossem frouxas, o caule se dobraria; se as fibras fossem tensas demais, o caule seria muito rígido. Os budistas falam do *Caminho do Meio* e usam o exemplo de um instrumento musical de cordas para explicar isso. Num violão, se as cordas estiverem frouxas, não conseguimos tirar nenhum som; se as cordas forem esticadas demais, elas arrebentam. Existe uma tensão correta para que as cordas consigam vibrar e produzir música. Existe um limite correto para tudo.

O bambu tem limites que garantem a resistência. Quando determinamos os limites com moderação, resistimos a tudo. E a nossa vida vibra como música.

O BAMBU CURVA-SE
NO VENDAVAL PARA NÃO QUEBRAR ~

Talvez essa seja uma das características mais conhecidas do bambu. Os antigos chineses aprenderam a importância da flexibilidade ao observar como essa planta se comporta numa ventania. Perceberam que uma árvore rígida quebra-se com um vento muito forte. O bambu não. Ele se curva e, depois que o vendaval passa, volta intacto à posição original. Inspiradas no bambu, todas as artes marciais chinesas ou derivadas delas exercitam, entre outras coisas, a maleabilidade do corpo.

Flexibilidade é a capacidade de se adaptar às circunstâncias da vida, significa não ter posturas rígidas em termos físicos ou psíquicos. Uma pessoa de moral rígida demais também pode se "quebrar" como um carvalho ao vento. Ela pode seguir seus princípios com tanta dureza que as pessoas não conseguirão permanecer a seu lado. Não conseguirá ter relações satisfatórias, os amigos acabarão se afastando, será infeliz, se sentirá isolada, incompreendida. Em alguns casos, poderá ter uma postura de mártir e, com isso, desenvolver um complexo de superioridade. Não é raro uma pessoa de moral muito rígida se intrometer na vida alheia, ditar regras absurdas, criticar todo mundo, se tornar um guardião ensandecido da moral e dos bons costumes. Enfim, um tirano. Ou, no mínimo, um tremendo... chato! Tudo isso quebra o encanto da vida – e da própria pessoa.

Uma pessoa rígida não é feliz. Não se permite os prazeres normais da vida. Não balança leve e solta como o bambu ao vento. Ela fica dura, feito um tronco seco. Inflexível. Não se adapta às mudanças naturais, não revê seus conceitos, não aprende novas ideias, não descobre formas alternativas de resolver suas questões. Não vive uma relação nova, uma nova forma de se relacionar, não descobre novos prazeres. Não experimenta um itinerário diferente, um roteiro turístico inusitado, um restaurante novo, um prato desconhecido, um sabor exótico. E impede aos outros viver essas alegrias.

O rigor da inflexibilidade pode estar presente em vários campos da vida. Podemos ser rígidos em termos de crenças, filosofia, política, métodos, educação, comportamento, valores, critérios, sentimentos. Em todas essas áreas, não importa qual seja, sofremos o mesmo risco de quebrar, se formos duros demais.

Segundo os sábios orientais, rigidez é sinal de morte. Uma pessoa rígida não vive, está morta, é como o tronco de uma árvore seca. Flexibilidade é sinal de vida. Uma planta viva é flexível, uma planta morta é rígida. Um bebê é flexível e cheio de vida, o idoso é mais duro e sem a mesma vivacidade da criança. O cadáver é rígido, daí a expressão latina *morte rigens*, rigidez da morte, que os médicos usam para descrever o estado gélido e teso de um corpo depois que o sangue para de circular. O cadáver é frio. Uma pessoa rígida é fria: não demonstra sentimentos. Mas, no fundo, sofre por qualquer sinal de crítica ou de rejeição. E reage sendo mais rígida, mais inflexível.

Somente uma planta flexível consegue se curvar. Somente uma pessoa sábia e humilde é capaz de ser flexível e aprender com o comportamento do bambu. No geral, uma pessoa flexível vive mais e melhor.

A não ação como princípio

Ser flexível é mais do que ser maleável, adaptável e aberto a novas possibilidades. Flexibilidade também envolve o conceito de *não resistência*. No sentido mais profundo, flexibilidade significa capacidade de não resistir às coisas naturais que nos acontecem. Por exemplo, o bambu não resiste à força do vento. É a não resistência que evita danos. No judô, arte marcial japonesa, também se aplica esse princípio. Quando atacado, o judoca não bate de frente com o adversário. Para não se machucar, ele não se opõe à ação do outro. Em vez de deter o movimento ou de empurrar, o judoca aproveita o impulso do oponente, inclina-se para trás e puxa-o para o chão na direção que ele já vinha. Não há resistência, mas aproveitamento do movimento.

No Taoismo, existe a expressão *wu-wei* que se refere à não resistência. *Wu-wei* significa deixar-se levar pelo movimento natural. Muitas vezes, *wu-wei* é confundido com inatividade, acomodação. Literalmente *wu-wei* quer dizer "não ação", mas não existe conotação de passividade, de ficar parado, de indolência. Ao contrário, é uma postura consciente e "ativa" no sentido de a pessoa voluntariamente tomar a atitude de seguir o fluxo dos acontecimentos, das forças em ação. O sábio não vai contra nenhum movimento que esteja além de sua capacidade de interferir de modo efetivo. Quando todas as circunstâncias naturais levam uma pessoa para certa direção, como se ela estivesse flutuando num rio em movimento vigoroso, o mais sensato é parar de resistir ou de nadar contra a correnteza e deixar-se levar pelas águas.

Nadar contra a corrente por teimosia ou inflexibilidade representa um desgaste de energia sem nenhuma função prática. *Wu-wei* significa não atritar com o movimento ou a ordem natural das coisas, é despender apenas a quantidade necessária de energia para realizar alguma coisa, nada mais do que isso. É ter a sabedoria de "se abandonar", de "deixar as coisas nas mãos do universo", de confiar na vida, de permitir ao que tiver de acontecer. Significa agir como a água, isto é, fluir, ir pelo caminho mais fácil, não brigar com os obstáculos, se entregar aos ciclos naturais.

A não resistência não é algo tão simples quanto parece. Implica consciência, maturidade psicológica, entendimento lúcido da situação, percepção do momento adequado, segurança interior, flexibilidade, confiança e coragem. Sem essas disposições interiores, *wu-wei* será apenas um conceito e uma justificativa para preguiça, medo, fuga, negligência ou acomodação.

Ideogramas da expressão chinesa wu-wei, *que significa "não ação", "não resistência".*

O bambu também nos ensina a importância da não resistência diante das adversidades do clima. Como é uma das únicas plantas que não perdem folhas no frio, o bambu fica carregado de neve no inverno. Os flocos de neve se acumulam nas folhas e, com o peso, o bambu se curva. À medida que neva, as folhas ficam cada vez mais carregadas, mas o bambu não luta contra o peso. Continua a se curvar até as pontas quase tocarem o solo. Quando chega nesse ponto, a neve acumulada vai para o chão. Sem a carga de neve, o bambu volta para sua posição normal, como se nada tivesse acontecido. Simples assim. Se o bambu fosse rígido e não quisesse se curvar, isto é, se resistisse à pressão, ao peso da neve, ele quebraria.

Nem todas as plantas têm essa flexibilidade. Algumas árvores rígidas perdem seus galhos no inverno justamente por não serem capazes de se curvar, por resistirem à pressão do peso da neve. Os taoistas concluíram que é a não resistência que mantém nossa integridade e evita que soframos perdas em situações tensas e naturais.

Sono, dieta e paixão

Na vida humana, o conceito de não resistência se aplica da mesma forma. Tentar evitar alguma coisa natural é se opor aos impulsos da vida. Como vimos no texto anterior, para os antigos chineses não é saudável impor uma "limitação amarga" à nossa vida, às nossas necessidades. Por exemplo, quando alguém, na véspera de uma viagem, passa a noite inteira no trabalho sem dormir, com certeza terá sono ao volante. Nessas condições, resistir à vontade de dormir é uma atitude temerária. Quanto maior a resistência, maiores serão os riscos de um acidente fatal. A cautela diria que é aconselhável parar de lutar contra o sono e descansar antes de seguir viagem. Se a jornada for mesmo inadiável, um repouso de no mínimo uma ou duas horas ajudaria a reduzir a sonolência para poder dirigir de forma mais segura. É mais prudente o motorista parar de querer ser forte, rígido, teimoso, e dormir um pouco. O sono é natural, uma necessidade. Ir contra ele é um comportamento irresponsável que pode acabar com a própria vida e a de outras pessoas que se envolverem num desastre.

Numa situação de dieta, esses princípios do bambu também têm validade. Se tivermos a intenção de fazer um controle de peso, precisamos ter cuidado com os limites e com a resistência excessiva às "tentações" do prato. Moderação é o segredo. A dieta que tem como base a redução drástica de alimentos é o pior caminho. Se nos privamos demais, acabamos desnutridos, anêmicos. E ao menor descuido a disciplina imposta com tanta rigidez será quebrada por um impulso incontrolável de devorar tudo que aparecer pela frente: bolo, chocolate, hambúrguer, lasanha, despertador, sapato, maçaneta... Desde que não seja uma compulsão que precisa ser tratada com terapia, é possível flexibilizar a dieta por meio da não resistência. Se pararmos de resistir à vontade de comer as coisas de que gostamos, mas o fizermos com moderação, será possível manter a silhueta de maneira mais eficiente e definitiva. Os Vigilantes do Peso têm mais ou menos essa abordagem de não resistência, moderação e flexibilidade.

Mesmo numa questão amorosa, de "amor platônico", a não resistência é a melhor forma de minimizar o sofrimento e evitar que o coração se quebre. É só fazer como o bambu.

Certa vez, um homem conheceu uma mulher vinte anos mais jovem. Ela era linda, elegante, versátil, talentosa, inteligente, articulada e interessada em filosofia. Até então, ele não havia conhecido ninguém que somasse tantas qualidades. Enfim, a garota dos seus sonhos. Só não era perfeita porque já estava noiva.

Logo que a conheceu, o homem sentiu medo. Sabia que iria se apaixonar por ela. Era inevitável. Por sorte (ou azar) ele não a via com frequência, mas apenas em alguns encontros sociais. Às vezes, tinha a impressão de que a jovem também demonstrava algum interesse.

O homem ficava cada vez mais encantado pela moça, mas procurava se conter. Afinal, ela era bem mais jovem, comprometida, estava numa relação estável e com planos de morar com o noivo. Era inconveniente que ele se declarasse, pensava. Passou um ano e meio apaixonado, e guardou esse sentimento só para si. Ele queria contar-lhe tudo que sentia, mas achou melhor controlar seus ímpetos. Isso só fez aumentar a paixão, o sofrimento. Na verdade, não havia nada de estranho nessa situação de angústia: a palavra *paixão* vem do grego *pathos*, que quer dizer martírio, sofrimento – daí "patologia" e "Paixão de Cristo".

Um dia, ele sentiu um impulso incontrolável de escrever uma carta para a garota. Foram páginas e páginas escritas aos borbotões, num fôlego só. Entregou a carta em mãos, sem saber se fazia a coisa certa. Fazia. Foi só quando parou de resistir aos seus sentimentos e se declarou que conseguiu lidar melhor com a situação. No momento que entregou a carta, começou o processo de "desapaixonamento" e de convivência com ela em termos mais concretos. Em pouco tempo, foi se desfazendo a imagem da musa perfeita que sua mente apaixonada idealizara e ela se transformou cada dia mais num ser humano "normal", com qualidades e limitações.

Escrever a carta foi como se curvar diante de um sentimento poderoso e natural. O bambu só consegue libertar-se do peso e voltar à sua posição original quando ele se curva e "entrega" a neve ao chão. Do mesmo modo, foi entregando a carta à jovem que o homem conseguiu liberar-se do sofrimento que lhe pesava a alma. Ele entregou a carta como quem entrega uma parte da alma e da sua história. No fundo, a carta era como se fosse um presente que já pertencia e sempre pertenceu àquela mulher dos seus sonhos. Por mais bela que seja, a neve não flutua eternamente no ar nem fica para sempre nas folhas do bambu. Ela entra em contato com o chão, com a realidade, com a vida concreta.

Sim? Ah, qual é o desfecho da história? Bem, depois da época da neve sempre vêm a primavera, o verão, o outono...

A MAIOR QUALIDADE DO BAMBU É O VAZIO INTERIOR

Como vimos, o bambu é uma planta simples, modesta, leve, resistente e flexível. Outro detalhe importante é o fato de ele ter o caule oco, vazio. Se o bambu tivesse o talo maciço, ele seria pesado, rígido, inflexível. Com isso, os taoistas perceberam que é o vazio que garante as qualidades do bambu. O vazio é um dos conceitos fundamentais do pensamento oriental. É por isso que os chineses e japoneses representam-no com tanta frequência nas suas pinturas e sempre cercado de grandes espaços vazios no papel.

Para a maior parte das pessoas, o vazio tem um sentido negativo. Significa nulidade, inexistência, zero. "Pessoa vazia" é alguém fútil, destituído de inteligência e profundidade. "Cabeça-oca" é alguém irresponsável, sem juízo, que não mede as consequências. Estar "vazio por dentro" é uma sensação de apatia, de que nada tem sentido, nada é interessante. "Minha vida é um vazio" é afirmação de quem viu o tempo passar sem ter realizado ou vivenciado nada que seja digno de nota ou que dê significado à sua existência.

Para os orientais é o oposto. Se o bambu tem suas virtudes por causa do caule oco, então o vazio tem um sentido positivo. O vazio é a origem de boas qualidades, é algo que se valoriza e permite a existência das coisas. Basta pensarmos de modo inverso. Se o copo estiver cheio de farinha, não é possível tomar água. Se o elevador estiver lotado, não podemos entrar. Se nossa mente estiver entulhada de preocupações, não podemos pensar direito. Se a agenda estiver cheia de compromissos, não podemos programar mais nada. Quando se está de "saco cheio", não existe possibilidade de curtir as coisas e as pessoas. Mas, se o copo estiver vazio, podemos colocar qualquer líquido que quisermos. Se a mente estiver livre, podemos resolver os problemas sem aperto. Se a agenda tiver alguns momentos vagos, nosso dia a dia não será tão atropelado e podemos encaixar algum compromisso de última hora ou aproveitar as brechas para fazer algo que nos dê prazer. Quando não estamos de "saco cheio", ou seja, quando estamos receptivos (vazios), podemo-nos relacionar de modo mais gratificante com todo mundo.

O vazio é uma necessidade. Ao fim de um dia exaustivo de trabalho, com clientes, colegas e fornecedores maçantes, prazos estourados e um congestionamento irritante no trânsito, tudo que queremos é chegar em casa, esticar as pernas no sofá, colocar uma música e *esvaziar* a mente. E qual é o objetivo da meditação, não importa de qual tradição seja, senão o de buscar a paz interior? Meditar é ir ao encontro do vazio.

Dissemos há algumas páginas que uma pessoa pretensiosa é "cheia de si" e que ninguém gosta de estar ao lado de alguém assim. Todos gostam é de conviver com pessoas modestas, receptivas, sem preconceitos, sem mania de ter resposta para tudo. Enfim, com pessoas "vazias", no sentido taoista da palavra.

É dessa forma que os sábios antigos viam o vazio. Não pela ausência, mas sim pelas possibilidades que ele abre, pelos benefícios que ele traz. É uma visão positiva e não negativa.

Um antigo texto chinês, o *Tao Te Ching*, diz: "O vaso é feito de argila, mas é o vazio que o torna útil. Abrem-se portas e janelas nas paredes de uma casa, mas é o vazio que a torna habitável". De fato, num vaso, o que importa é o espaço vazio e não o formato ou o material do qual é feito. É no vazio do vaso que se coloca o líquido e não em seu contorno. Numa casa, moramos no espaço vazio entre as paredes e não *nas* paredes. Ninguém mora *na* parede. A menos que a pessoa seja uma lagartixa. Mesmo assim, a lagartixa mora nos espaços vazios da parede. É vazio do mesmo jeito e o vazio continua sendo a coisa mais importante.

"Zero dedo"

O vazio é invisível. Esse detalhe é fundamental, apesar de óbvio. É fundamental porque mostra que as coisas mais importantes são invisíveis. Como o vazio do vaso ou o vazio entre as paredes da casa. Estendendo essa ideia para a vida humana, os sábios estabeleceram um critério de valor que os guiam em todas as suas ações. Eles sabem que existem coisas mais profundas do que a aparência. Para eles não importa se o copo é feito de cristal belga, com entalhes exclusivos ou filete de ouro na borda. O que importa é que exista um espaço vazio onde se pode colocar o líquido. Eles não dão tanto valor à fachada da casa. Não se preocupam em revestir a casa com materiais sofisticados e caros, não dão tanta importância se o projeto arquitetônico é tradicional ou arrojado, ou se o arquiteto é famoso ou não. Tudo que eles precisam é de um espaço vazio entre quatro paredes para colocar suas coisas e se abrigar. Não é a parte visível, a aparência externa, que mais valorizam, mas sim a parte interna, a parte invisível.

Isso também mostra que os sábios não dão importância à roupa que as pessoas vestem. Não querem saber se uma pessoa usa roupa de marca, se os sapatos são de couro alemão, se a caneta é importada, se a bolsa é cara, nada disso. Também não se importam se a pessoa é magra, bonita, baixa, gorda, feia, alta, rica, negra, com curso superior, pobre, branca ou analfabeta. Eles não dão valor às aparências. Eles olham é para o invisível, para o lado interior das pessoas, olham para suas almas. Perceberam que o fundamental é invisível assim como perceberam a importância do vazio no bambu.

O vazio é uma ideia abstrata já que representa a não presença, a inexistência. No geral, temos dificuldade de compreender o vazio. A abstração, o conceito de vazio, a interioridade são características encontradas com mais frequência entre os indianos, os chineses e os japoneses do que entre os norte-americanos, os alemães ou suíços. É claro que os ocidentais não são destituídos de capacidades abstratas, mas estas não são as qualidades mais valorizadas por eles na sua formação cultural. Historicamente, o Ocidente se destacou mais pela racionalidade, tecnologia, lógica, ciência, método, e dedicou mais atenção à aparência e ao físico do que às abstrações metafísicas.

Temos tanta dificuldade em entender o vazio que encontramos reflexos dessa realidade nas ciências, na matemática, na filosofia e até na aula de desenho. Quem lecionou desenho a crianças já deve ter passado por essa experiência curiosa. Quando se pede para um aluno desenhar um retângulo medindo, por exemplo, 10 por 15 centímetros, algumas vezes aparecem figuras de 9 por 14 centímetros. Quando existe algum erro nas medidas, é comum que seja de um centímetro a menos. Durante a vida de um professor, isso pode ocorrer inúmeras vezes e ele poderá se perguntar qual seria o motivo. A resposta é simples. Quando a criança marca as medidas, ela começa a medir a partir do número "1" (um) da régua e não a partir do "0" (zero).

Esse fato corriqueiro deixa evidente uma característica da mente humana: a de ter pouca familiaridade ou pouca facilidade para as coisas abstratas. No geral, quanto mais elementar for a mente, menos abstrações ela faz. As pessoas que têm muitas preocupações com os aspectos físicos tendem a ter menos preocupações de ordem metafísica. Como as crianças têm menor capacidade de abstração, começam a medir as coisas a partir do número "1" da régua, porque, para elas, o "0" é o mesmo que vazio, uma coisa que não existe e por isso mesmo não conta. Na cabeça da criança, o que conta é o "1", que é uma ideia mais "concreta", e por essa lógica só se pode começar a partir do "1".

Essa forma de raciocinar não acontece somente entre crianças. Os adultos também têm o mesmo tipo de limitação, mas em outras situações da vida.

Qualquer pessoa pode pensar em "um dedo", mas quase ninguém pensa em "zero dedo". Para as pessoas, "um dedo" é visível, portanto existe, mas "zero dedo" não é visível, não existe. Na hora de "contar nos dedos", a soma inicia quando se ergue o primeiro dedo, mas poucas pessoas têm consciência de que a contagem, na verdade, começa com todos os dedos fechados, ou seja, com o zero. Para a mente pouco abstrata, mesmo num adulto, o que não for visível, o que não for manifesto, não existe, não conta. Para a mente ocidental, o vazio não é uma manifestação palpável e por isso não é considerado. Para uma mente voltada para o prático e o elementar, o zero é algo que não tem importância, não tem função. Já para o pensamento oriental, o zero sempre foi um conceito essencial, tanto quanto a abstração, o invisível, a interioridade, o transcendente e o insondável.

O vazio do bambu é o vazio do universo

O zero foi o último número que a civilização ocidental conheceu. Segundo historiadores, ele foi introduzido na Europa de forma definitiva (vindo do Oriente) apenas na Idade Média, perto do ano 1.200, pelo matemático italiano Leonardo de Pisa. Isso significa que o zero está presente na matemática ocidental há oitocentos anos. É pouco tempo, se considerarmos que ele existe há quase cinco mil anos no Oriente. Se o zero existe há tanto tempo, é porque a capacidade de abstração e o conceito de vazio já faziam parte das especulações intuitivas e existenciais dos povos que reverenciavam bambus e seus caules ocos, no outro lado do mundo.

Para os mestres orientais, o vazio é universal, onipresente. Quando eles olhavam o espaço oco do bambu, sabiam que o vazio do caule é o mesmo vazio que existe fora do bambu. Quando olhavam uma xícara, percebiam que o vazio que está em seu interior se estendia para o espaço à sua volta, que se estendia para a sala, que se estendia para todo o ambiente externo. Quando olhavam a Natureza, percebiam o vazio entre as coisas. Percebiam que o Sol flutuava no céu, no vazio, que a Lua flutuava no escuro da noite, no vazio. Para eles tudo isso era o mesmo vazio e, assim como existe uma única água no planeta, existe um único vazio no universo. Diziam que a xícara existe no vazio, que eles próprios existiam no vazio, que os astros flutuam no vazio, que todo o universo é um grande vazio com apenas alguns pequenos pontos de matéria que se chamam estrelas, planetas, satélites.

Aqui, chegamos num complexo conceito taoista. O oco do bambu levou os chineses a uma intuição de profundidade abissal e de uma infinitude cósmica que, às vezes, é difícil para a mente não intuitiva acompanhar.

Se o vazio do bambu é o mesmo vazio que está à sua volta, que é o mesmo vazio que cerca todas as coisas, e se a Lua flutua no vazio, as estrelas flutuam no vazio e o universo é um vazio onde todas as coisas aparecem e desaparecem, então o vazio é a realidade última das coisas. É a essência, o substrato onde todas as coisas têm origem e para onde elas retornam. Para os sábios orientais, "universo", "o todo" e "vazio" são conceitos correspondentes. Tudo nasce no (e do) vazio e tudo volta para o vazio.

Quando se refere à existência, o Taoismo diz que uma coisa pode existir ou não existir *no vazio* (no todo, no universo). Se uma coisa surgiu no mundo, os mestres dizem que ela existe no vazio. Quando essa coisa desaparece, eles dizem que ela voltou para o vazio. Quando algo – não importa o que seja – começa a existir, esse algo é chamado de "*Ser*", porque é alguma coisa, visível e manifesto. Quando não é manifesto, quando não é visível, chama-se "*Não ser*". O vazio é o "não ser", a "não existência", o "não manifesto", o "não visível", mas é também o "espaço potencial" ou o "campo potencial" onde tudo pode surgir e desaparecer. Vazio nesse sentido significa "Potencial", "Potência", "Poder", "Berço", "Útero", "Grande Mãe", "Origem".

O tamanho do vazio

No Ocidente, só recentemente, com as pesquisas em níveis subatômicos, é que a Ciência percebeu a realidade universal do vazio. No livro *O Tao da física*, o físico e escritor Fritjof Capra descreve o átomo e demonstra o "tamanho" do seu vazio. É impressionante!

Capra faz uso de uma imagem interessante. Diz que, se quisermos saber qual é o tamanho de um átomo de uma laranja, teremos de imaginar que a fruta tenha o tamanho do planeta Terra, e que o planeta todo seja constituído só de cerejas. Pois bem, cada cereja dessa Terra imaginária teria o tamanho correspondente a um átomo da laranja. O átomo é, como se percebe, muito, muito pequeno.

Como sabemos, o átomo não é preenchido como uma melancia, nem tem uma membrana como um balão de ar. Ele só tem um ponto no meio (núcleo) e um ou outro ponto girando à sua volta (elétron). Entre o núcleo e a órbita dos elétrons não existe nada. A quantidade de massa é, portanto, praticamente nula. Essa informação não constitui nenhuma novidade. O que surpreende é o tamanho do espaço vazio.

Em seu livro, Capra propõe que imaginemos que aquela cereja seja ampliada para o tamanho da cúpula da Basílica de São Pedro, de Roma. Isso já é mais difícil, pois a maioria das pessoas não foi ao Vaticano apreciar essa construção. Mas a seguinte informação pode ajudar a dimensionar as coisas: a cúpula tem quase 120 metros de altura, ou algo próximo a um edifício de 40 andares. Capra afirma que, se o átomo tivesse as dimensões dessa cúpula, seu núcleo não teria mais do que o tamanho de um grão de sal! E o elétron seria quase duas mil vezes menor do que o núcleo, menos do que um cisco, e circularia a 120 metros de distância do centro. E entre esse minúsculo grão de sal e a órbita do cisco não existiria nada! É vazio, totalmente vazio!

O paralelo entre o átomo e o sistema solar é inevitável. Entre o Sol e os planetas existem apenas o vazio e a escuridão, não existem massa compacta que preencha o espaço nem limites fixos. Do mesmo modo, não é possível determinar o limite de onde começa ou termina um átomo. Não existe separação definida entre um átomo e outro, não há uma fronteira física, uma parede, uma cerquinha, nada. Só existem pontos minúsculos distantes uns dos outros vagando no vazio.

No nível atômico, o livro que você tem nas mãos é formado por praticamente 100% de vazio. Sua mão também é formada de átomos, ou seja, de vazio. Não existe um limite definido entre os vazios dos átomos da sua mão e os vazios dos átomos do livro. Nem entre o livro e o ar em torno. Não existe separação. Qualquer objeto que se vê não passa de um *campo virtual localizado*, nada mais do que isso. Tudo é uma continuação, uma extensão, tudo é ligado pelo vazio que está presente em todos os átomos. O vazio une tudo. Esse é o conceito de unicidade dos grandes pensadores das antigas tradições da humanidade. Nesse sentido, todos – cientistas e metafísicos – dizem que tudo é uma coisa só.

Uma viagem: se seu corpo fosse reduzido ao tamanho de uma partícula de um átomo, você não veria nada à sua volta, apenas vazio. Com essa dimensão, a possibilidade de você deparar com um núcleo ou um elétron vagando pelo vazio é quase nula. Se viajasse entre os vazios dos átomos, você não conseguiria perceber se está no vazio dos átomos do ar da sala, no vazio dos átomos do tijolo da parede, no vazio dos átomos da mão de uma pessoa ou no vazio dos átomos de um livro. Você não veria fronteiras de nenhum tipo. É como se você estivesse viajando no vazio do sistema solar, no espaço sideral. Você sairia da Terra, viajaria milhares e milhares de quilômetros e não saberia onde estaria exatamente. Poderia ter passado a órbita de Júpiter ou Urano e não perceberia. E quando estivesse a milhões de quilômetros, passando pela órbita de Plutão, você não encontraria nenhuma placa com a informação: "Você acabou de sair do sistema solar. Obrigado pela visita, volte sempre". Não existem fronteiras. Não existe separação real nem em nível astronômico, nem em nível subatômico. Tudo está dentro do vazio. Tudo é vazio.

Atordoante, não?

Divino, maravilhoso

Podemos imaginar que o universo é uma grande sopa. (Sopa?! Vá lá!) Cada ingrediente da sopa é um "ser", uma coisa: uma rodela de cenoura, um pedaço de abobrinha, um naco de linguiça, um planeta, uma lua ou uma estrela, não importa. E a água é o vazio onde cada uma dessas coisas flutua. Assim como todos os ingredientes estão mergulhados na água da sopa, todas as coisas do universo estão mergulhadas no vazio. O vazio permeia todas as coisas, é o vazio que une tudo, como a água da sopa. E aqui, mais uma vez, os sábios dizem que não existe separação entre uma coisa e outra, que tudo faz parte do todo, de um único todo. Para os orientais, tudo está unido pelo vazio. Nada está separado, tudo está ligado com tudo, tudo forma uma coisa só. Tudo é uma grande sopa (com certeza, não vamos encontrar essa definição nos tratados tradicionais chineses, mas tudo bem...).

A consciência do vazio pode nos levar a duas posturas. Podemos achar que tudo é uma nulidade e cair no niilismo, numa visão de mundo em que nada vale a pena. O niilismo é, sintomaticamente, um conceito filosófico ocidental. Mas, se enxergarmos o vazio como os orientais, poderemos sentir a experiência da unicidade, de que tudo é uma coisa só, de que não existe separação entre nada. Assim, não existe separação entre você e o livro, entre o livro e o ar circundante, entre o ar e a samambaia, entre a samambaia e a água, entre a água e você. Não existe separação entre você e um gato, entre você e outra pessoa, entre você e toda a humanidade, entre você e a Natureza, entre você e o universo. A percepção da unicidade nos faz mais reverentes com todas as manifestações da Natureza, com as plantas, com os animais, com as pessoas, com o Infinito. Tudo se torna sagrado, "divino, maravilhoso". Tudo se transforma em objeto do mais profundo sentimento de afeição e respeito. Essa é a verdadeira compaixão. A compaixão que vem do Grande Vazio. Do vazio que está em tudo e principalmente dentro de nós mesmos, o Vazio Interior, invisível, mas verdadeiro e essencial. O mesmo vazio do bambu.

. 4 .

As lições da árvore

GOIABEIRA DÁ GOIABA ~

O *I Ching – O livro das mutações* é uma síntese da sabedoria chinesa. Há milhares de anos, é usado como instrumento de orientação pessoal por meio do contato com nossos processos psicológicos inconscientes. No último capítulo, falaremos desse aspecto do *I Ching*.

Ao contrário das outras linguagens simbólicas como o Tarô, Búzios e Astrologia, o *I Ching* não tem figuras de origem cultural. Sem desmerecer nenhuma dessas linguagens, mas apenas para apontar uma característica, o *I Ching* não se baseia em imagens criadas pelo homem como Mago, Carro, Torre, Papa, ou em personagens mitológicos como Júpiter, Vênus, Saturno, nem em entidades como Exu, Iemanjá, Iansã. Os símbolos básicos do *I Ching* são elementos da Natureza como: céu, terra, trovão, água, montanha, vento, madeira, fogo e lago. Os chineses optaram por símbolos da Natureza porque ela não é um conceito cultural nem uma criação da mente humana. A Natureza é o que é, do jeito que é.

Os filósofos e teólogos da Idade Média ocidental empregavam a palavra *quididade* para definir a realidade tal como ela é. Hoje em dia, pouquíssimas pessoas tiveram oportunidade de deparar com esse raro e precioso vocábulo. "Quididade" significa: a essência de uma coisa, as condições que determinam uma realidade particular, a qualidade essencial de determinado ser. Em resumo, quer dizer que uma coisa é o que é, apenas isso. As coisas são o que são. A Natureza é o que é.

Essa visão é correspondente à abordagem taoista da realidade. Tudo isso pode ser sintetizado numa frase de grande profundidade que, por mais complexa que seja, vale a pena ser memorizada. A frase é: "Goiabeira dá goiaba". Isso mesmo: "Goiabeira dá goiaba". Aprofundando esse postulado básico, podemos completar dizendo que "goiabeira não dá pêssego". Parece piada? Não é. Isso é fundamental!

Essas afirmações são tão óbvias que soam ridículas, mas, por incrível que pareça, muitas vezes agimos como se elas não fossem verdades. Na prática, nós não temos noção real do que é quididade. Ignoramos essa palavra. Pior, não temos esse conceito em nossa vivência diária. Não temos uma palavra de uso corriqueiro que nos afirme que as coisas são o que são. Não pensamos sobre isso, não faz parte das nossas preocupações. É como se não existisse essa verdade, de que as coisas são o que são. Se falamos em "superioridade", todos sabem o que isso significa, todos conhecem esse conceito. Ao ouvir a palavra *vergonha*, qualquer pessoa entende, pois já sentiu, presenciou ou evitou isso na vida. Mas e *quididade*? A consciência de qüididade não é uma coisa que se vive no cotidiano. Não compreendemos em profundidade que tudo é o que é e que goiabeira dá goiaba.

Quando os antigos chineses diziam que tudo muda e que nada é permanente, isto é *quididade*. Podemos não aceitar que as coisas sejam impermanentes, mas essa é a realidade e não há nada que se possa fazer a esse respeito. Simplesmente é assim. Muitas vezes sofremos por não aceitarmos a realidade. No fundo gostaríamos que a realidade fosse diferente, e do modo que *nós* consideramos melhor. Achamos que a realidade e a vida estão equivocadas, que o nosso jeito é o mais certo, é a melhor forma das coisas serem e acontecerem. Nosso ego, com seus desejos, expectativas e limitações, "define" como a realidade *deveria* ser.

Mas a Natureza, a vida e as pessoas não vão obedecer às nossas vontades só porque é assim que desejamos. A vida não é como queríamos que fosse, a vida é o que é. Isso é qüididade.

Resignação e afirmação da realidade

Quando as coisas não acontecem de acordo com nossas expectativas, sentimos uma grande frustração. A vida parece injusta. Parece que "alguém lá em cima" não gosta da gente. Depois de muita dor e sofrimento, quando percebemos que as coisas não vão ser como gostaríamos que fossem, acabamo-nos resignando e dizemos coisas como: "Não é nada disso que eu queria, mas fazer o quê?"

Conforme diz Oscar Maron, mestre de *I Ching* e editor do jornal *Tao do Taoismo*, publicado pela Sociedade Taoista do Brasil, os sábios chineses não falam: "Que assim seja!" Eles falam: "Assim é!" Existe uma sutil – ou enorme – diferença entre essas duas frases. Os sábios não ficam pensando como as coisas poderiam ou deveriam ser. Não lamentam que as coisas não sejam como eles gostariam. Em vez disso, *afirmam* a realidade: "É assim!" Pronto. Todo o resto não é realidade, são desejos, sonhos, ilusões, expectativas. Como foi dito antes, quando deixamos nossa imaginação voar, criamos roteiros de como as coisas deveriam ser, de como faríamos, do que falaríamos para esta ou aquela pessoa, nesta ou naquela situação. Enfim, criamos "filminhos" na nossa cabeça. Isso é fantasia. E fantasia não é realidade.

Precisamos ver os fatos de forma objetiva e não subjetiva. Precisamo-nos acostumar à situação presente tal como se apresenta, pois não existe outra situação. O presente é um presente, é uma dádiva, uma oportunidade e a única realidade. Nada é mais real do que o agora, e tentar fugir dele é fugir da realidade. É escapismo, é ilusão. Somente com a percepção da realidade e com sua afirmação é possível atuar de modo efetivo porque estaremos lidando com circunstâncias reais e não com quimeras.

Quando não estamos fixados ao que é, acabamo-nos prendendo ao que deveria ou poderia ser – naquilo que não é realidade. Isso pode até ser cômico. Por exemplo, uma pessoa disse: "Ainda bem que não nasci na Rússia!" Alguém que estava ao lado ficou curioso e perguntou: "Por quê?" A primeira respondeu: "Porque eu não sei falar russo".

Essa piada nos remete ao condicional "se". Se ela tivesse nascido na Rússia, ela saberia falar russo. Isso é lógico. A graça está justamente na falta de lógica da pessoa. O fato é que ela não nasceu na Rússia e não sabe russo. Só isso. Essa é a realidade, não cabe mais nada além disso. Toda construção imaginária que ultrapassar esse fato não é realidade, mas apenas especulação, uma possibilidade, um "se". Quando uma pessoa elabora ideias a partir de coisas como: "Ainda bem que não nasci na Rússia" ou constrói frases como: "Se eu tivesse nascido na Rússia...", ela está criando uma situação irreal. A pessoa não nasceu na Rússia, essa é a realidade. Mas se, além dessa constatação, ela sofrer com a possibilidade de não conseguir conversar em russo, uma situação que está completamente fora das circunstâncias reais de sua vida, isso já é "viagem". É falta de bom senso. Vira piada. Situações desse tipo só deixam de ser nocivas se conseguirmos rir da nossa própria insensatez.

Em outro exemplo, um homem casado faz a seguinte queixa: "Minha esposa é muito emotiva. Quando fica tomada pelos sentimentos, ela não pensa em nada e tem reações incontroláveis. A gente sempre entra em conflito e nosso casamento fica à beira do rompimento. É muito desgastante! Se ela não fosse tão emotiva, nossa relação seria melhor, seríamos mais felizes...". Em resumo, o que foi que ele disse? Ele disse algo como: "Se goiabeira desse pêssego, eu seria mais feliz". Mas o fato é que goiabeira dá goiaba e não pêssego. A realidade é que a esposa é emotiva. Essa é a sua natureza, é como ela lida com as situações nesta fase da vida. Se isso for mesmo um problema, ela pode procurar ajuda. Talvez com uma terapia ela até venha a mudar seu jeito de ser, mas, agora, nesta fase, ela é assim. Essa é a sua realidade, esse é o fato concreto.

Em outro caso, uma executiva de carreira comenta: "Meu chefe é competitivo demais. Ele vive escondendo informações. Tem medo de perder sua posição, não ouve sugestões e só quer fazer as coisas do jeito dele. Se ele fosse mais cooperativo e tivesse espírito de equipe, eu poderia estar melhor na empresa". Isso é como dizer: "Se pessegueiro desse goiaba, eu estaria em melhor situação profissional". Mas o chefe é o que é. E pessegueiro não dá goiaba.

É o que é, foi o que foi, será o que será

Existe uma expressão japonesa bem interessante que tem semelhança com o conceito de qüididade: *atarimae*. Quando alguém se queixa de uma pessoa ou de alguma situação, um japonês mais velho e experiente costuma dizer *atarimae*. Numa tradução livre, essa palavra tem o significado de "é assim mesmo", "as coisas são assim", "é assim que é", mas sem tom de resignação, e sim como afirmação da realidade. Nos dicionários, *atarimae* significa "qualidade de ser próprio", "justo", "lógico", "qualidade do que é natural", "óbvio".

Atualmente, alterou-se a escrita, mas, originalmente, era composta pelo ideograma *ataru* ou *ateru*, que significa "acerto", "acertar", "incidir exatamente sobre", e pelo ideograma *mae*, que é uma variante de leitura do ideograma *shikari* que quer dizer "sim", "assim", "desse modo", "como deve ser", "do modo devido". Em alguns casos, o segundo ideograma, em outra leitura (com a pronúncia *zen* ou *nen*), significa "natureza". A partir dos ideogramas, *atarimae* significaria "acerto como deve ser", "o certo é desse modo", "é certo assim", ou, numa maneira mais livre, pode ser entendido como "é natural que seja assim".

Um fato curioso é que existe outra palavra japonesa (*tôzen*) que tem o mesmo significado de *atarimae* e nos dicionários antigos era registrada com os mesmos ideogramas básicos. Ou seja, a composição desses ideogramas podia ser lida tanto como *atarimae* quanto como *tôzen*. Hoje, com a mudança da grafia dessas palavras, perdeu-se o significado original. De qualquer modo, apesar da alteração da escrita, os japoneses têm pelo menos duas palavras de uso diário que significam que as coisas são o que são e como devem ser. É provável que a escolha dos ideogramas tradicionais dessas palavras seja influência da tradição *Chan*, originária da China. *Chan* é uma fusão do Taoismo com o budismo indiano e que no Japão ganhou o nome de *Zen*.

Quando um velho japonês diz *atarimae* para uma pessoa, ele não está dizendo nada diferente do que "assim é" ou "isso é quididade". Ou, ainda, que na Natureza "goiabeira dá goiaba".

Ideogramas antigos da palavra japonesa atarimae *ou* tôzen, *que significa "é certo assim", "é natural que seja assim".*

Não é possível mudar a realidade externa a nosso bel-prazer. Não conseguiremos fazer que pessegueiro dê goiaba, nem que goiabeira dê pêssego. Pelo menos não de forma natural, sem manipulação transgênica. Mesmo assim, um pêssego com gosto de goiaba talvez não seja lá uma boa ideia. Na vida, as mudanças possíveis são de âmbito interno e não externo. Podemos mudar nossa forma de encarar as coisas, nossas posturas, nossos objetivos e valores, mas não podemos mudar as outras pessoas porque assim o desejamos. Cada coisa e cada pessoa têm sua própria natureza, seu próprio processo. Sofrer porque goiabeira não dá pêssego ou passar a vida dizendo: "Se pessegueiro desse goiaba..." ou "Se goiabeira desse pêssego..." é inútil. Do mesmo modo que a água procura o úmido e o fogo procura o seco, quem quer pêssego deve procurar um pessegueiro e quem quer goiaba deve procurar uma goiabeira. É mais fácil e mais lógico. Outra possibilidade sábia é a pessoa aprender a aceitar que goiabeira dá goiaba e pessegueiro dá pêssego. Isso é qüididade.

A afirmação da realidade vale para qualquer tempo: presente, passado ou futuro. No presente, podemos dizer "é o que é" e não permitir que nosso pensamento vá além dessa afirmação nem sofra com isso. Para algo que ficou no passado, podemos dizer "foi o que foi" e não ficamos presos aos ressentimentos ou arrependimentos. Para algo que ainda está por vir, podemos dizer "será o que será" e não nos deixarmos arrastar pelas expectativas ou pelos medos.

Sofrimento opcional

Não é apenas o "se" que nos leva para fora da realidade. O "se" tem um irmão de sangue chamado "quando" que pode ser tão nocivo quanto o primeiro. Frases referentes ao passado como "*Quando* eu era jovem, deveria ter estudado mais", ou referentes ao futuro como "*Quando* meus filhos tiverem condições de entender, vou me separar do meu marido", são construções sobre fatos irreais, fora das circunstâncias do aqui-agora. Ou são pesos mortos, ossos do passado que carregamos no presente, ou justificativas apoiadas em condições vindouras para legitimar o fato de não se fazer o que se gostaria de fazer, ou de não se fazer o que deveria ser feito. Ao fixar nosso pensamento no presente, naquilo que é, não lamentamos o passado nem condicionamos nossa iniciativa às circunstâncias que ainda não existem. A realidade basta por si. Tem de bastar.

Toda e qualquer atitude deve ser tomada em função da realidade, da situação real do presente e não em função do passado consumado ou do futuro incerto. Quando se diz "é assim que é" ou "a situação é essa", não se busca resignação, mas a compreensão clara da realidade para, a partir dessa realidade, tomar uma atitude. O passado é imutável, o futuro é imponderável e ambos são ilusões. Nenhum deles existe no presente e por isso mesmo não são motivos legítimos para causar tantos problemas em nossa vida.

Não são os fatores externos que nos causam sofrimentos. Nós é que sofremos por fatores externos. Carlos Drummond de Andrade dizia que "a dor é inevitável, o sofrimento é opcional". O sentir dor é natural, simplesmente porque a dor existe. Já cultivar o sofrimento é antinatural. Nenhum animal guarda ressentimentos do passado nem fica apreensivo com o futuro. O animal apenas vive o momento, vive a realidade. Vive aquilo que é, não o que ele acha que deveria ser ou ter sido.

Passarinhos gostam de frutas. Se estiver numa goiabeira e não tiver nenhuma goiaba na árvore, o passarinho diz *atarimae* (se for um passarinho japonês, claro) e vai atrás de outra fruta ou de um inseto qualquer. Não faz drama nem fica "chorando as pitangas" (ou as goiabas) pelos cantos da casa, ou melhor, pelos cantos do ninho.

Quando um passarinho está num pessegueiro, não diz: "Droga! Pêssego de novo? Eu queria goiabas!" Ele come o pêssego e canta feliz. Ele não opta pelo lamento ou pelo sofrimento. Também não diz: "Quando esse pessegueiro der goiaba, eu vou matar minha fome". A realidade é que, para o pássaro, pessegueiro dá pêssego e goiabeira dá goiaba e ele está satisfeito com isso.

A COPA NÃO EXISTE SEM A RAIZ ~

Christopher Markert, em seu livro *Yin-Yang: polaridade e harmonia em nossa vida* (1987), relata a vida dos essênios, uma comunidade filosoficamente evoluída que há mais de dois mil anos habitava o Oriente Médio e o Egito. Eles viviam em pequenas comunidades agrícolas isolados das cidades e das vilas, e encontravam na Natureza tudo de que precisavam para seu sustento. Viviam de modo simples, conheciam os ciclos da Natureza, os segredos da terra e as plantas medicinais. Produziam seus instrumentos de trabalho, construíam suas moradias, fiavam, teciam e confeccionavam suas roupas. Acreditavam que o ser humano completo cuidava tanto de sua vida prática quanto da vida interior. Tinham preocupações existenciais, meditavam, faziam cerimônias, rituais, estudavam as Escrituras e procuravam a harmonia entre o espírito e o corpo, entre o masculino e o feminino, entre o Bem e o Mal.

A árvore era o principal símbolo dos valores essênios. Ela representava a integração dos aspectos celestiais com os aspectos terrenos, do mundo visível com o mundo invisível. Os essênios não viam a árvore só pelo seu lado aparente, por seu tronco e sua copa, mas como uma realidade total, incluindo as raízes que permanecem ocultas aos nossos olhos. Diziam que os galhos se direcionam para o céu e por isso representavam os valores elevados como a paz, o trabalho criativo, a vida eterna, o Pai Celestial, a sabedoria e os pensamentos, o amor e os sentimentos, a força e a atuação. As raízes estavam associadas ao reino terrestre, aos elementos naturais e às coisas práticas da vida como o Sol e o fogo, a água e o sangue, o ar e a respiração, a Mãe-Terra, a terra e o crescimento, a vida e a vitalidade, a alegria e a beleza. Já o tronco, que fica entre a raiz (terra) e a copa da árvore (céu), correspondia ao reino humano. Os essênios entendiam que o homem está entre os reinos do céu e da terra, entre os aspectos interiores e materiais, entre o subterrâneo e o divino.

Uma árvore não é apenas o que se vê externamente. Do mesmo modo, o ser humano não é só aquilo que se apresenta aos nossos olhos. A árvore tem raízes escondidas debaixo da terra, e o homem tem "algo" escondido dentro de si que são suas mais profundas raízes. Alguns chamam esse "algo" de Alma, outros de Espírito, Inconsciente, *Self*, Eu Superior, Essência, Eu Verdadeiro, o nome não tem muita importância e varia de acordo com as diferentes tradições. Os essênios perceberam que, assim como a árvore tem uma parte visível e uma parte invisível, o ser humano também tem uma parte exterior e uma parte que se mantém oculta aos olhos. Essa parte oculta é o que mantém a vida e dá estabilidade às árvores e às pessoas.

Como as raízes não estão à vista, esquecemo-nos delas. Não temos em mente que, se a árvore não tiver raízes, ela não se sustenta e cai. Toda a beleza dos galhos, das folhas, das flores e dos frutos se devem ao trabalho invisível das raízes de retirar os nutrientes da terra. Se observarmos uma árvore com cuidado, vamos perceber que o volume das raízes é o mesmo dos galhos e que isso é fundamental para poder dar estabilidade à árvore e extrair a quantidade apropriada de alimentos da terra. Se as raízes forem pequenas demais, a árvore não terá firmeza e não conseguirá nutrir-se de forma adequada.

Dentro e fora da terra

A percepção da realidade dos níveis visíveis e invisíveis da árvore pode ser ilustrada com uma história verídica. Quando uma pessoa resolveu arrancar uma trepadeira chamada "unha-de-gato" do seu jardim, teve oportunidade de descobrir o mundo que existe debaixo da superfície das coisas. A planta havia tomado toda a parede de um sobrado e começava a invadir as paredes e as calhas da casa vizinha. Por não ter condições de aparar a trepadeira com regularidade, achou melhor arrancá-la por completo. Teve a impressão de que seria um trabalho simples, era só puxar a planta, pensou. Pegou uma escada e começou o trabalho. Com auxílio de um tesourão, em pouco tempo conseguiu arrancar a planta da parede, de cima para baixo. Os talos cortados da trepadeira se avolumaram no chão do jardim numa proporção que ele não imaginava. Mas ele via aquele amontoado de folhas e galhos como um sinal de que já estava próximo de concluir sua tarefa, o que era animador.

Quando arrancou toda a ramificação e chegou ao chão, ele se deu conta de que não havia acabado o trabalho: faltava remover as raízes. Até este momento, ele se esquecera das raízes. Elas não estavam à vista e, por isso, na sua mente, não existiam. Aí, percebeu como funcionava sua mente e, por extensão, como funcionava a mente humana. "No geral, só pensamos no trabalho exterior e esquecemos do trabalho interior", pensou. "O trabalho com aquilo que não é visível é uma necessidade, não pode ser esquecido", concluiu. Isso deu margem a pensar sobre como ele estava conduzindo sua vida, sobre as coisas que estavam escondidas de sua consciência. Mas, naquele momento, ele tinha de arrancar as raízes e se concentrou no trabalho.

Assim como antes, achou que seria uma tarefa simples. Quando começou a puxar as raízes, teve uma surpresa. Elas eram grossas e longas. A quantidade de raízes era a mesma das ramificações externas da trepadeira. Tinham ocupado todo o solo do jardim, da mesma maneira como a parte de fora havia coberto a parede. O volume e as tramas das raízes eram assustadores. Diante dessa constatação, pensou: "Isso é tão claro! Como a planta poderia ser grande se as raízes não tivessem a mesma proporção?" Esse episódio permitiu a ele que tivesse *insights* interessantes, que, no fundo, eram as mesmas conclusões a que os antigos povos já tinham chegado.

As raízes têm a mesma importância que a copa. De acordo com os essênios, uma pessoa saudável e equilibrada deve cuidar com a mesma atenção das coisas voltadas para o céu e das coisas voltadas para a terra. Se uma pessoa quiser ter seu lado "céu" desenvolvido, ela também precisa ter seu lado "terra" bem resolvido. Se a interioridade (céu), por exemplo, implicar a exclusão forçada dos impulsos físicos naturais como a sexualidade (terra), a pessoa corre o risco de ser como uma árvore de raízes atrofiadas que a qualquer momento pode desabar. Visto por fora, a pessoa seria como uma árvore de copa frondosa, que todos admiram e respeitam, mas por dentro seria uma pessoa sem estrutura, sem raiz, frustrada nas vivências do corpo, sem condições de trocas sadias de afeto e carinho. Em perfis de extremo desequilíbrio na vida sexual, podem ocorrer comportamentos condenáveis. O abuso contra crianças, cometido por "membros respeitáveis da sociedade" (copas frondosas) como professores, médicos e sacerdotes ou ainda por pais, tios e padrastos, é um triste exemplo de descompensação da vida terrena.

Uma pessoa equilibrada e verdadeiramente amorosa manifesta sua afetividade sem violência. Também é capaz de se relacionar sem medo e sem atitudes defensivas. Não considera que o contato físico deve ser evitado por ser perigoso, pecaminoso ou depravado.

O monge e a moça

Os budistas contam uma parábola enigmática sobre esse tema. Certa vez, uma senhora idosa e rica conheceu um monge budista muito aplicado. Como ela era caridosa e percebeu que o jovem era muito esforçado nas práticas budistas, resolveu construir um pequeno templo no quintal de sua propriedade. Assim, o monge teria um lugar para estudar, praticar e se iluminar. O monge agradeceu e estudou com afinco para corresponder à consideração da senhora.

Mas, depois de algum tempo, a velha mulher já não estava tão segura do potencial do monge e quis testá-lo. Pediu à sua sobrinha, uma moça linda e graciosa, que servisse chá ao rapaz. Mas fez uma recomendação: "Ao entregar o chá, diga-lhe que você está perdidamente apaixonada por ele. Que desde o primeiro dia que você o viu ele não sai do seu pensamento. Que você não consegue dormir e chora todas as noites. Diga-lhe que você sofre muito porque deseja tocá-lo, abraçá-lo e beijá-lo. Aproxime-se dele e veja como ele reage. E depois venha me contar o que aconteceu".

A sobrinha fez exatamente o que a senhora tinha pedido. Quando ela se aproximou para abraçá-lo, o monge reagiu prontamente. Empurrou a moça para longe e disse: "Pare com isso, senhorita! Pode passar mil anos, mas jamais vou quebrar as regras da prática budista. Vá embora!"

Quando a sobrinha contou o que tinha acontecido, a senhora não teve nenhuma dúvida: queimou o templo!

O desfecho dessa história sempre causa muita surpresa. Parece um contrassenso. Por que a velha destruiu o templo? O que o monge fez de errado?

Antes de explicar os motivos da senhora, vale a pena citar o psiquiatra e analista junguiano Paulo Vicente Bloise e o seu livro *O Tao e a psicologia*. Num trecho do livro, ele conta um episódio real e muito ilustrativo: "Observei o nítido horror de um monge budista tailandês, ao ser tocado por uma mulher no braço: '*I am a monk, madam!*' (Eu sou um monge, senhora!), ele exclamou afastando-se do contato". Em seguida, Bloise tece o seguinte comentário: "Ao presenciar essa cena, perguntei-me o seguinte: se o monge tivesse realmente superado o apego carnal, que diferença faria uma mulher tocá-lo?" Aqui está a resposta do enigma.

Uma pessoa que não sabe lidar com seu lado emocional e afetivo com equilíbrio torna-se abrutalhada. Os conceitos, ideais e valores espirituais ficam acima dos sentimentos. A pessoa perde a humanidade e o sentimento de afeição. Para o monge dessa história, as regras, os estudos e as práticas eram mais importantes do que os sentimentos da moça. Ele não era capaz de entender o sofrimento de uma pessoa apaixonada, não tinha compaixão. E para o budismo nada é mais importante do que a compaixão, do que o respeito e a afeição por todos os seres vivos. Nem as Escrituras, a iluminação, a sabedoria, o *satori*, o *nirvana* são mais importantes do que a compaixão. Se o monge fosse uma pessoa realmente elevada, conseguiria acolher a moça com carinho, sem medo, sem violência, sem se sentir ameaçado. Um abraço não seria um pecado. Seria apenas um gesto humano. Não era questão de ter ou não ter relações sexuais com ela. Bastava que ele fosse sensível. Ele não foi capaz disso e a velha queimou o templo.

Vamos voltar para os essênios. Para eles, a raiz está associada à Mãe-Terra, à nutrição, ao contato físico, ao corpo, aos prazeres, à maternidade, à procriação, e esses aspectos precisam ser vivenciados de modo sadio, em harmonia com a interioridade. Numa situação inversa, uma pessoa que só queira viver os prazeres terrenos, o sexo desenfreado, a gula, o ócio exagerado e não dá a menor importância a valores filosóficos, seria como uma árvore de copa atrofiada e com uma enorme massa de raízes. Corresponderia a uma árvore que não desenvolve seus galhos, uma árvore que não dá sombra, não produz frutos, não nutre, não beneficia nada e ninguém. Uma árvore que só desgasta a terra e não tem nada para oferecer porque está voltada apenas para gratificações imediatas e egoístas.

Os essênios perceberam que a árvore sempre cresce de forma simétrica fora e dentro da terra. Se o ser humano quiser ter uma vida saudável, precisa seguir esse exemplo de equilíbrio.

Perfeição é mutilação

Como vivemos num mundo onde se valoriza a aparência, é comum pensarmos na árvore apenas pelos elementos visíveis, pela copa. Esse é o lado "limpo" e "bonito" da árvore. É a parte que recebe luz, que produz flores perfumadas, é cercada de abelhas que procuram pólen, que dá os frutos e serve de abrigo aos passarinhos. O tronco, também visível, serve de apoio para a rede de descanso, dá a lenha, a madeira para construção e para os móveis. É no tronco que os enamorados desenham um coração e gravam seus nomes com canivete na esperança de que o sentimento que os une seja tão duradouro quanto a árvore. A copa e o tronco são as partes visíveis da árvore. Correspondem ao que as pessoas enxergam de nós, é a nossa aparência, o que queremos que as pessoas conheçam da gente. Em termos psicológicos seria a nossa *Persona*, a imagem que projetamos socialmente.

As raízes ficam abaixo da superfície da terra. É a parte obscura e "suja" da árvore. É a parte que a árvore não mostra. Nós, seres humanos, também temos uma parte que escondemos das pessoas. O psiquiatra Carl Gustav Jung chamava essa parte de *Sombra*. Todos os nossos impulsos secretos, nossas vergonhas, nossos medos, nossos pensamentos "sujos", nossas vontades inconfessáveis e nossas fraquezas são ocultados – consciente ou inconscientemente – na sombra da psique. Essa parte é natural e um componente necessário na formação da nossa personalidade, tanto quanto a raiz é necessária para a árvore como um todo. Uma árvore não tenta eliminar sua raiz por achar que deve ter apenas o lado bonito, a copa, as folhas, as flores e os frutos. A copa não vive em conflito com a raiz, mas os seres humanos, por causa dos padrões culturais, têm tendência a fazer isso.

Por influência das crenças históricas que herdamos na nossa formação, somos ensinados a eliminar as coisas consideradas negativas, sujas, obscuras, inferiores e cultuar apenas as coisas positivas, limpas, iluminadas e superiores da alma e da vida. Na prática, percebemos que a sociedade nos cobra a *perfeição*. As pessoas querem que sejamos perfeitos. Nessa perspectiva, o subterrâneo e o inferior estão associados ao pecado e a parte superior e iluminada está associada à virtude. Isso obriga as pessoas a fazer uma escolha entre o superior e o inferior, entre a essência e a matéria, entre o limpo e o sujo, entre a virtude e o pecado, entre a raiz e a copa. Assim, tudo que é "inferior", "obscuro", "sujo", "subterrâneo", "feio", "escondido" é reprimido, jogado debaixo do tapete, mantido longe dos olhos dos outros e, pior, longe dos olhos da própria pessoa. Quem busca a perfeição de caráter se vê obrigado a eliminar esses aspectos da vida, para ser uma pessoa "limpa", "pura", "incontaminada", "bonita", "iluminada", enfim, uma bela copa de árvore florida. Uma bela árvore florida, mas sem raízes.

A busca do equilíbrio entre os aspectos subterrâneos e a elevação também é uma preocupação dos povos do extremo Oriente. Jung, no livro *O segredo da flor de ouro*, que escreveu em parceria com Richard Wilhelm, comenta que "os chineses não têm tendência à repressão violenta dos instintos, que envenena nossa espiritualidade, imprimindo-lhe um exagero histérico. O homem que convive com seus instintos também pode destacar-se deles, de modo natural".

Querer ser perfeito é tão prejudicial quanto querer eliminar as raízes. Uma pessoa que deseja ser "perfeita" deve ser cheia de virtudes e não possuir nenhum pecado. Deve cultivar apenas os aspectos "nobres" e "dignos" da personalidade e eliminar as coisas "inferiores" e "subterrâneas". Na realidade, a perfeição implica uma mutilação, a eliminação de tudo aquilo que é "baixo", "rasteiro", "subterrâneo". Uma árvore, no entanto, não se mutila, não elimina suas próprias raízes, não sacrifica uma coisa em função da outra. A árvore não *quer ser* perfeita, ela *é* perfeita. Perfeita porque tem copa e raiz. A árvore só é completa com tronco, galhos e raízes. Em termos psicológicos, podemos dizer que só somos completos se tivermos uma estrutura que nos dê suporte à vida, nos dê estabilidade, nos "aterre" ou nos "enraíze" nos conteúdos que mantemos em nosso subterrâneo. Isso significa que uma pessoa completa é capaz de reconhecer a existência e a necessidade da *Sombra* como componente essencial de sua personalidade.

Sentimentos como medo, vergonha, raiva, fraqueza, impotência, impulsos libidinosos, insegurança, inadequação, cobiça, possessividade, ciúmes também podem ser associados aos aspectos sombrios, inferiores ou subterrâneos da nossa psique. São coisas que procuramos manter em segredo, escondidas. É natural que seja assim. A raiz também não fica à mostra. Não há nenhuma necessidade de expor nosso lado obscuro a todo mundo. A raiz deve ficar debaixo da superfície, é assim que a Natureza faz. Mas ocultar não significa excluir. Para a árvore existir, a raiz também precisa existir, não pode ser eliminada. Nem a nossa *Sombra*.

Legitimar impulsos subterrâneos

O medo, que é considerado uma coisa inferior, não pode ser excluído da vida. Uma pessoa que não tem nenhum medo pode se envolver em situações perigosas e morrer. A vergonha também não pode ser eliminada. Uma pessoa sem nenhum senso de pudor não consegue ter vida social e pode causar constrangimentos às pessoas ou se tornar um oportunista sem escrúpulos. O medo da vergonha também é um importante elemento de controle social, de educação e de formação.

Em certo grau, todas as coisas consideradas inferiores são necessárias: sem a raiva não existiria o sentimento de indignação diante das injustiças e das ofensas; sem o sentimento de fraqueza poderíamos nos tornar arrogantes, tiranos; se não tivermos a sensação de impotência, não iremos nos defender, nos proteger nem buscar os apoios necessários para uma vida segura; se não houver um mínimo de ambição, levaremos uma vida de privações que pode comprometer as pessoas queridas à nossa volta; sem o mínimo de erotismo não haveria atração, as pessoas não se aproximariam, a espécie humana desapareceria da face da Terra. Enfim, todos os sentimentos "negativos" e "obscuros" têm sua função, nos alimentam de impulsos necessários para a nossa sobrevivência e nosso crescimento. São as nossas raízes, a nossa estrutura.

O mestre de meditação transcendental Maharishi Mahesh Yogi contou uma história interessante sobre um jardineiro sábio, conforme consta do livro *Yin-Yang*, de Christopher Markert. Ao descobrir que uma árvore apresentava manchas de parasitas, o jardineiro refletiu sobre qual seria o melhor jeito de tratá-la. Qualquer jardineiro recorreria a uma escova ou a compostos químicos que eliminassem os parasitas. Mas ele era experiente e percebeu que deveria resolver o problema "pela raiz" e não pelos sintomas. Em vez de usar os recursos "modernos" de que o mercado dispunha, achou melhor regar a árvore doente apenas com as águas limpas de um riacho local. Em pouco tempo, a árvore se fortaleceu com os nutrientes da água pura, as manchas desapareceram e os parasitas abandonaram as folhas da árvore. Com esse episódio, o mestre concluiu que muitas vezes não adianta tratar das doenças do corpo e da alma a partir das manifestações externas, mas precisamos cuidar da pessoa a partir de suas bases. Muitas pessoas doentes e infelizes poderiam entrar em equilíbrio se fortalecessem suas estruturas interiores, se permitissem que as coisas que estão escondidas ou abandonadas fossem valorizadas e atendidas. As raízes são partes integrantes de um todo e devem ser cuidadas com atenção.

A árvore é um conjunto integrado. O ser humano também deve integrar os aspectos superiores e inferiores. A árvore é completa, é *plena*. Do mesmo modo, como já vimos, o ser humano equilibrado não busca a *perfeição*, já que é uma mutilação, mas sim a *plenitude*. O homem só é pleno quando legitima seus impulsos subterrâneos e integra os aspectos conflitantes da sua personalidade. Tanto a árvore quanto o ser humano estão aparelhados para buscar o alimento que vem do céu e o alimento que vem da terra. A árvore tem a copa e a raiz. O homem, por sua vez, tem o corpo e a alma e todos os outros pares complementares como o consciente e o inconsciente, a *Persona* e a *Sombra*, a razão e a emoção. A árvore é perfeita e plena. O ser humano deve procurar a plenitude, e não a perfeição, porque, em termos funcionais diante da Natureza, ele já é perfeito. Como a árvore.

AS FOLHAS CAEM, O TRONCO FICA

Quando chega o final de outono, muitas árvores começam a perder folhas. Na época do frio, árvores como o ipê-amarelo ficam completamente nuas e só se veem o tronco e os galhos. Em algumas cidades, as árvores que enfeitam as ruas ficam desfolhadas e, com a baixa temperatura do inverno, a paisagem fica com um aspecto triste, sem vida. Quem olha as árvores nessa fase do ano tem a impressão de que elas estão mortas e só sobraram ramos secos ou então de que elas não sobreviverão ao frio. Mas, quando está para terminar o inverno, o ipê-amarelo fica carregado de flores, e as árvores que estavam sem folhas começam a apresentar os primeiros brotos da nova folhagem.

Não há quem não fique encantado diante de um pé de ipê-amarelo repleto de flores. No Japão, acontece o mesmo com suas flores típicas. Os japoneses ficam maravilhados com a florada das cerejeiras. Nessa época, as famílias fazem visitas ritualísticas aos parques das cerejeiras, muitas vezes vindas de cidades distantes, só para ver suas delicadas flores. Esse tipo de excursão chama-se *Hanna-mi*, termo que pode ser traduzido por algo como "contemplação das flores".

Para os orientais, a contemplação das cerejeiras floridas tem dois motivos. O primeiro, mais evidente, é a beleza em si. Estar num parque com milhares de cerejeiras cobertas de flores é um prazer estético indescritível, é como estar mergulhado num mar de flores. O branco-rosado das flores ocupa todo o campo da visão e parece uma imagem de sonho.

O segundo motivo tem conteúdo existencial. As flores das cerejeiras duram apenas alguns dias, depois são carregadas pelo vento. Antes que as flores desapareçam, elas precisam ser admiradas. Os poetas e sábios japoneses sabem que a beleza, por mais encantadora que seja, não dura para sempre, mas enquanto ela existir deve ser reverenciada. Se as flores da cerejeira são tão admiradas, é porque elas são transitórias, porque não duram para sempre. Mas os japoneses não lamentam o desaparecimento das flores; eles contemplam a beleza com desapego e sentem-se agradecidos pela oportunidade de vivenciar esse encantamento, mesmo que seja por uns poucos dias. Eles têm consciência de que o momento presente é de beleza e de maravilhamento e isso é tudo que precisa ser vivido nesta hora. As flores nunca mais voltarão. Virão outras floradas, mas aquelas flores desaparecerão para sempre, assim como este momento.

Nesse contexto, a frase paradoxal "sempre a primavera, nunca as mesmas flores" ganha um significado profundo e poético. Algumas coisas nunca mudam (sempre a primavera) e algumas coisas sempre mudam (nunca as mesmas flores). Do mesmo modo, o tronco e os galhos seriam as partes "imutáveis" da árvore e as flores as partes transitórias. Mas a frase também nos mostra por que devemos valorizar os dois aspectos da vida, o mutável e o imutável ou, no caso, os galhos e as flores.

Se tudo muda, precisamo-nos lembrar das coisas duradouras e constantes como o ciclo das estações, o tronco e os galhos, para que a vida tenha sentido e para não nos perdermos diante das realidades mutantes e transitórias. Contudo, não podemos nos esquecer de viver a realidade imediata, o aqui-agora. Por isso é importante contemplar a beleza das flores que estão floridas neste momento. Elas são belas e inspiradoras, mas existirão por pouco tempo. Elas perfumarão e embelezarão o mundo por uns poucos dias e, cumprida sua missão, irão embora para sempre. Essas mesmas flores nunca mais voltarão. O *Hanna-mi*, no fundo, é uma forma de agradecer a existência das flores, o que elas fazem pelo mundo, pela vida, por nossos olhos e por nossa alma.

Essa apreciação estética também se estende à beleza feminina. Os japoneses admiram as moças de beleza em flor, meigas, delicadas, suaves, angelicais, e usam o adjetivo *kawaii* para descrever as jovens mulheres com essas características. E, assim como a beleza das flores, sabem que a beleza das mulheres ou das crianças também é transitória e precisa ser reverenciada.

Flores: uma linda ilusão

Quando acaba a época das flores, as cerejeiras e os ipês ficam nus, restam apenas galhos vazios e muitas vezes as árvores são esquecidas. A maior parte das pessoas acha a árvore desfolhada sem graça. Os galhos não têm o impacto das flores nem a imponência das folhas ou a utilidade dos frutos. É como se um tronco e galhos vazios nem fossem uma árvore.

Se pedirmos a qualquer pessoa que desenhe uma árvore, seja uma criança ou um adulto, quase sempre representará uma árvore com a copa frondosa, folhas verdes, com flores ou frutos. É natural que aconteça isso. Cerca de três quartos do ano as árvores que sofrem a influência do clima têm esse aspecto e é essa imagem que retemos em nossa memória. Além disso, a maior parte das árvores nativas do hemisfério sul não perde as folhas no inverno. Por esses motivos, ninguém ou quase ninguém desenha uma árvore sem folhas.

Ao desenhar ou imaginar uma árvore, visualizamos o tronco e a copa cheia de folhas, mas não pensamos nos galhos que se escondem sob o volume da folhagem. Sem perceber, nós valorizamos mais as folhas, as flores e os frutos e, com isso, os galhos são esquecidos. Isso acaba tendo reflexo na nossa forma de ver o mundo, as pessoas e as situações da nossa vida. Ou, ao contrário, a forma de encararmos a realidade faz que só observemos os aspectos externos de uma árvore. Não nos damos conta de que as folhas, as flores e os frutos são transitórios, são renovados durante o ano, e de que são os galhos e o tronco que se mantêm fixos. Essa realidade possibilita associações de ideias interessantes.

A árvore desfolhada está relacionada com a época de estagnação da Natureza, ao final de um ciclo, à morte, às coisas consideradas negativas. É compreensível que as pessoas prefiram não olhar para essa realidade. Olhar as flores, as folhas e os frutos parece mais positivo, mais bonito, mais inspirador. Pode até ser verdade, mas a insistência de só olhar o que é aparente encerra certa ilusão ou uma recusa inconsciente de ver a vida como um todo.

Como vimos, para os japoneses, as flores de cerejeira são objeto de contemplação porque nos mostram que a beleza não é permanente, porque nos dão consciência da transitoriedade. Isso não é diferente de dizer que a beleza tem algo de ilusório, efêmero, fugidio. Em pouco tempo as flores desaparecem. Em pouco tempo a beleza vai embora. Quem tem consciência da natureza transitória da beleza é capaz de valorizá-la sem lamentar a impermanência e consegue viver plenamente o presente, como é o caso dos poetas e mestres orientais.

Os sábios entendem que as flores são uma linda ilusão. Elas dão grande prazer aos olhos, mas não são a realidade maior, não são a verdadeira essência da árvore. Nem as folhas e os frutos o são. As folhas, as flores e os frutos são importantes, sem dúvida, mas são passageiros, vêm e vão a cada ciclo do ano. As únicas coisas que permanecem – e crescem – são os galhos e o tronco. A essência da árvore é o tronco e os galhos. Eles são a estrutura real, o fundamento, o corpo da árvore. As folhas, as flores e os frutos podem cair, mas a árvore continua viva. Mas, se o tronco cair e morrer, não haverá mais folhas, nem flores e frutos.

Uma pessoa também tem folhas, flores e frutos. São suas roupas, sua beleza física, seus acessórios, seu carro, a maquiagem, os perfumes, o produto da fábrica onde trabalha. Também são seus títulos, seu reconhecimento social, seus conceitos, seu discurso, as obras artísticas e científicas que produz. Mas essas coisas não são a pessoa em si. Tudo isso são manifestações aparentes ou têm que ver com sua *Persona*, com a imagem que ela projeta para o mundo, e por isso mesmo são objetos exteriores e não a essência. Existe algo mais profundo além dos objetos que produzimos, além dos adornos e do *status*. Algo que nos dá estrutura, que não é vencido pelo tempo, que continua a existir a despeito das mudanças, dos ciclos e das coisas transitórias.

Algo que não possui efeitos espetaculares como a florada do ipê ou da cerejeira, mas perdura como o tronco e os galhos. Esse algo, como já foi visto num capítulo anterior, é conhecido como Alma, Essência, Eu Superior, Espírito, *Self*, entre outros nomes. As coisas exteriores conferem admiração e reconhecimento, mas é a essência que representa a natureza e a verdadeira identidade da pessoa. Quando se olha a essência, olha-se o fundamental, e não corremos o risco de nos iludir com indicadores superficiais. Olham-se o tronco e os galhos permanentes, e não as folhas e as flores transitórias.

O duradouro é despojado

Uma pessoa não é a roupa que veste nem o título ou o cargo que tem. Não é a casa em que mora, seu corpo "sarado" ou a pontuação de seu Q.I. Não é sua retórica superarticulada nem sua erudição. As roupas, os títulos, os cargos, a residência, o vigor físico, a inteligência e a erudição são como folhas, flores e frutos que ficam pendurados nos galhos de uma árvore e, por serem transitórios, vão despencar a qualquer momento. O nosso lado interior, ao contrário, é como o tronco que permanece e se desenvolve com o tempo.

As folhas, flores e as frutas não nutrem a árvore. Ao contrário, elas é que são nutridas pela árvore. No inverno, a árvore subsiste sem folhas, flores e frutos, mas as flores e as frutas não existem, em qualquer estação do ano, sem a árvore que as produza e as alimente. Do mesmo modo, uma pessoa voltada para o essencial consegue sobreviver sem roupas de grife, sem casa de cinco suítes, sem título de Ph.D. e sem o domínio de seis línguas, mas essas coisas todas precisam de alguém que as possua para poder existir.

A árvore desfolhada não perde sua identidade, sua essência. Ela continua sendo árvore mesmo que os galhos estejam nus. A árvore não é apegada às folhas, às flores e aos frutos e "sabe" que consegue sobreviver sem eles, afinal ela tem as coisas mais importantes: tronco e galhos.

O escritor Leo Buscaglia conta que quando esteve num país da Ásia presenciou as *monções*, um fenômeno climático em que tempestades torrenciais inundam regiões inteiras e destroem construções. Depois da enchente, ele falou a uma das vítimas: "Você perdeu tudo! O que você vai fazer agora?" O nativo respondeu: "Eu não perdi tudo. Eu ainda estou vivo e tenho força suficiente para construir outra casa e recuperar as coisas de que eu preciso". Em vez de lamentar as folhas, as flores e os frutos que foram embora, o homem olhou para o tronco, para o essencial, para aquilo que existe de mais importante, que é a sua vida e a saúde.

Pessoas apegadas aos aspectos externos não suportam a ideia de perder o *status*, os bens materiais, o cargo, a popularidade, o poder, a juventude, a beleza, o controle sobre os outros ou sobre a situação. Os mais gananciosos e vaidosos cometem todos os tipos de irracionalidades. Às vezes, podem arriscar a vida ou até chegam a matar alguém para manter sua posição. Lemos sobre isso todos os dias nos jornais. Pode ser uma modelo que sofre consequências de uma cirurgia estética desnecessária, ou um esportista que ingere substâncias danosas para potencializar seu desempenho e é internado num hospital. Ou senão é um executivo que burla as leis e os códigos de ética, ou é um político que enriqueceu ilicitamente e manda matar alguém que o denuncia. Esses são casos extremos de pessoas que se prendem demais às coisas transitórias e superficiais, e não percebem que o essencial e duradouro é despojado como o tronco de uma árvore.

A estrutura ética e moral é o tronco de uma pessoa. São os valores e os objetivos interiores mais elevados que dão sustentação à vida de um ser humano digno. Beleza, recursos materiais e resultados são como flores, folhas e frutos da árvore, que merecem ser apreciados, mas não são fundamentais para a vida da árvore. A falta de beleza, de recursos ou de resultados não compromete a existência de uma pessoa elevada, mas a ausência de valores como ética, honradez, justiça, honestidade, respeito humano, firmeza, coragem, entre outras coisas, é como ser uma árvore sem tronco. Esses valores são permanentes numa pessoa evoluída e sábia porque ela sabe que as folhas caem, mas o tronco fica.

O TRONCO CRESCE EM CAMADAS

No Museu Florestal Octavio Vecchi, que fica no Horto Florestal da cidade de São Paulo, está exposta uma fatia de um tronco de uma árvore centenária. O corte do tronco possui um pequeno círculo no centro circundado de centenas de anéis de diâmetros cada vez maiores. O centro corresponde ao primeiro ano de vida da árvore e cada um dos anéis à sua volta corresponde a um ano de sua existência. A cada retorno da primavera, forma-se uma nova camada no tronco e surge um novo anel (quando visto em corte). É assim que os biólogos conseguem determinar com precisão a idade de uma árvore. Uma camada reveste a outra. É dessa forma que a árvore cresce e o tronco fica cada vez mais encorpado. Na vida humana, acontece a mesma coisa. Nosso desenvolvimento acontece em acúmulos constantes de informações, de experiências e de conclusões. Mas uma nova camada só pode ser acrescentada se a anterior já tiver sido formada. Só se constrói em cima de algo já existente, já consolidado.

Não existe lacuna entre os anéis do tronco. Isso demonstra que existem pré-requisitos para o nosso desenvolvimento. Não é possível ir para camadas superiores pulando etapas, pois, se houver algum vão, não existirá base sobre a qual se possa acrescentar uma nova camada.

O processo de crescimento é em etapas e por conclusões de ciclos, e não por saltos. A Natureza não "queima etapas", ela segue o processo sem pressa e conclui uma fase antes de iniciar outra. Para isso, é preciso tempo.

Vivemos num mundo em que as pessoas são ansiosas e têm urgência de tudo. Pessoas imediatistas são presas fáceis das mentiras e ilusões que os charlatões de todas as áreas fazem uso para ganhar dinheiro fácil. Isso faz que surjam, por exemplo, cursos que prometem ensinar a falar inglês fluentemente em oito semanas, dietas milagrosas que asseguram emagrecimento em sete dias, aparelhos que garantem o desenvolvimento da massa muscular sem esforço, livros de autoajuda que trazem soluções mágicas para os problemas existenciais, cursos de formação de ioga, práticas curativas e similares num fim de semana. Mas, na realidade, se a pessoa não tiver uma preparação prévia que tenha exigido muito estudo e dedicação, nada disso será viável. Muitas vezes, mesmo com uma boa formação anterior não é possível obter os resultados prometidos nos prazos anunciados. Não existem milagres no aprendizado. Tudo é um processo que exige tempo e paciência para que haja evolução e os consequentes resultados. Até mesmo as chamadas "revelações" e os grandes *insights* só se tornam uma ampliação real da consciência quando a pessoa está preparada para receber a carga de conceitos e imagens que invadem sua mente. Em casos patológicos, essas manifestações podem dominar a psique da pessoa e levá-la a uma identificação com os conteúdos inconscientes e à perda da noção de realidade. Nem sempre uma pessoa tem estrutura para absorver conteúdos tão poderosos. O fanatismo e as ideias messiânicas podem ter origem nessas circunstâncias. Esses problemas acontecem quando existem lacunas no processo de formação e desenvolvimento da pessoa. No zen-budismo, os monges são acompanhados de perto pelos mestres avançados para evitar riscos de os jovens discípulos se desviarem pelos caminhos tortuosos típicos da mente despreparada.

Feijoada para bebês

O círculo maior do tronco contém o círculo menor, mas o círculo menor não pode conter o círculo maior. Quem sabe contar até cem conhece, por exemplo, o três, o quinze e o cinquenta. Mas quem só aprendeu a contar até cinco não conhece o dezenove, o trinta e o oitenta. Ensinar o oitenta a quem só aprendeu a contar até o cinco é um esforço inútil. É preciso ensinar os números numa sequência ordenada. O mestre *zen* corresponde a um grande anel do tronco da árvore e o discípulo corresponde a um anel menor. Por esse motivo, o mestre consegue entender as dificuldades do discípulo para se iluminar, pois ele mesmo já passou pelo anel menor quando foi um aprendiz, mas o discípulo ainda não é capaz de entender a dimensão e os conteúdos do mestre. O mestre espera que as camadas se formem naturalmente no interior do pupilo, pois sabe que é impossível apressar o processo e queimar etapas.

Para ilustrar que tudo tem seu tempo, o terapeuta de florais brasileiros César Suziganm costuma dizer: "Não se dá feijoada a um bebê". O organismo do bebê está preparado apenas para digerir o leite materno e não os ingredientes pesados de uma feijoada. Podemos dizer que o bebê ainda está no centro do tronco, no primeiro círculo em formação. Só quando tiver acrescentado várias camadas de círculos, isto é, quando seu aparelho digestivo estiver preparado para processar grãos, carnes e gorduras, é que poderá ingerir feijoada sem lhe causar problemas. No desenvolvimento interior, dá-se o mesmo. Se a pessoa não tiver uma boa estrutura psicológica e filosófica, não vai ser capaz de absorver conteúdos mais elaborados, ou esses conteúdos poderão desequilibrar sua mente. É recomendável ter a assistência de uma pessoa mais adiantada para que o processo se desenrole da forma mais harmoniosa e segura possível. Um terapeuta, um orientador responsável, uma pessoa experiente e sensata podem ajudar nesse trabalho.

Uma árvore só cria uma camada nova quando a anterior já está consolidada. Ela não se apressa nem apressa a outra camada. O tronco não exige nada, não cobra nada, não reclama da lentidão do círculo anterior e deixa que o processo se desenvolva no seu tempo natural. O sábio também não cobra nem apressa ninguém. Seu papel é o de mostrar o caminho e servir de exemplo. Ele entende que cada pessoa tem seu próprio ritmo. Como já está numa camada mais avançada, sabe respeitar aqueles que estão nas camadas anteriores. Sabe que ninguém vai mudar porque ele assim o exige. Tem consciência de que não se pode saltar etapas e o discípulo precisa passar por estágios que são pré-requisitos para entender realidades cada vez mais profundas. O mestre sabe que o tronco está "programado" para se desenvolver em camadas concêntricas. Percebe que tudo na vida está destinado a evoluir e por isso sabe esperar que as pessoas avancem de forma natural para círculos cada vez maiores de consciência. Ele confia no processo da Natureza.

Além do padeiro

Quando entendemos que evoluímos em camadas, conseguimos compreender melhor as pessoas que são diferentes de nós, quer elas estejam em camadas inferiores ou superiores. Temos consideração com aqueles que não se encontram no mesmo nível em que estamos porque sabemos que ainda vão chegar lá (ou não, não importa), e temos respeito com aqueles que estão à nossa frente porque podem nos indicar o caminho (se prestarmos atenção). De qualquer forma, precisamos ter consciência de que todos nós estamos sempre no meio do caminho, entre dois níveis, não importa se somos "evoluídos" ou "pouco evoluídos". Sempre existirá alguém abaixo e acima de nós.

Quem está nas camadas maiores tem a responsabilidade moral de entender aquele que se encontra numa camada menor.

Promover crescimento significa levar o menor para a camada maior e não o contrário.

Existe uma história que ilustra essa situação. Uma senhora e sua filha pararam numa padaria e a mulher disse ao padeiro: "Bom dia! Por favor, eu queria cinco pãezinhos". O padeiro, que tinha cara de poucos amigos, ensacou os pães e os jogou no balcão sem lhe dirigir o olhar e sem dizer palavra. A mulher agradeceu com um sorriso enquanto procurava o dinheiro. Como no momento estava sem trocado, teve de pagar com uma nota de valor alto. O padeiro resmungou alguma coisa e jogou o troco perto da compra. Ela pegou o troco e disse: "Obrigada. Tenha um bom dia! Até amanhã!" Ao se afastar da padaria, sua filha não se conteve: "Mãe, esse padeiro é sempre assim, tão grosseiro?", perguntou. "Infelizmente, sim, filha", respondeu a mulher enquanto se deliciava com o cheiro dos pães ainda quentes. A filha estava indignada: "Mas ele não tem um pingo de respeito por você, mãe! Por que você o trata com toda essa educação?" A mãe interrompe os passos, olha para a filha e responde com tranquilidade: "Filha, não tem sentido que ele determine como eu devo me sentir".

Podemos dizer que a mulher está várias camadas acima do padeiro. Nessa situação, era a mulher que tinha condições de entender o padeiro e não o inverso. Ela era capaz de perceber que, se ele tinha atitudes tão pouco cordiais, era porque deveria ter problemas sérios em sua vida e não sabia lidar com seus sentimentos. Ela conseguia sentir além do que o padeiro sentia. Não havia nada que ela pudesse fazer para que ele mudasse de atitude e nem sabia se ele mudaria um dia. Sabia que o padeiro tinha seu próprio processo e ela só podia fazer a parte dela de ser educada com ele e com todo mundo.

Quando percebemos que as ações dos outros são apenas ações dos outros porque são da natureza deles e não têm nada que ver conosco, conseguimos ter uma postura equilibrada. A mulher não tomou as atitudes do padeiro como algo pessoal. Sabia que ele só poderia estar mesmo em desarmonia interior para chegar até ao ponto de destratar sua freguesia, o que é evidentemente negativo para a sobrevivência do seu negócio. Ela não se permitiu ficar ofendida pelos sentimentos mal resolvidos do outro. Nesse sentido, ela foi além dos sentimentos do próprio padeiro e foi capaz de perceber que ele estava numa fase complicada e, com certeza, devia estar sofrendo muito.

A filha presenciou uma atitude de transcendência do ego (da mãe) e uma compreensão emocionalmente descontaminada dos sentimentos desequilibrados do outro. A soma dessas posturas também pode ser chamada de *compaixão*. Ser compassivo não é só entender os sentimentos dos outros. Compaixão significa *transcender* os próprios sentimentos e os sentimentos dos outros. É enxergar todas as atitudes como simples atitudes, sem fazer julgamentos, sem se ofender e sem ofender ninguém. Ter compaixão é perceber as limitações, falhas, fraquezas, incoerências, contradições e motivações inconscientes das outras pessoas, sem diminuir a consideração humana por elas.

Somente pessoas que procuram desenvolver seu interior e se dispõem a aprender com as situações cotidianas conseguem atingir camadas de valores mais elevados. É o que acontecia com a mulher dessa história.

Um concurso de desgraças

Só transcendemos determinada camada do tronco se construirmos camadas maiores. Transcender é ultrapassar, é ir além de alguma coisa. E a única forma de ultrapassar algo é alcançar esse algo. Só se ultrapassa quando se alcança. É como numa competição de corredores numa maratona. Se não alcançarmos o corredor que está à nossa frente, não é possível ultrapassá-lo. E, se não existir terreno além do que foi alcançado, não é possível fazer uma ultrapassagem, não é possível transcender. Esses conceitos óbvios são fundamentais quando se pensa na existência de diferentes níveis psicológicos como ego e consciência elevada. O ego corresponde à primeira camada que fica no centro do tronco e a consciência cada vez mais elevada corresponde às camadas maiores do tronco. O ego só pode ser transcendido se houver uma consciência maior do que ele, caso contrário o ego será a primeira e a última camada, o primeiro e o último limite.

Reconhecer nossas limitações, nossas falhas, nossas fraquezas, nossas incoerências, nossas contradições e nossos apegos é reconhecer o ego, ou seja, é alcançar o ego, é ter consciência da sua existência e das suas dimensões. Se não formos capazes de reconhecer, admitir e afirmar os limites do ego, não conseguiremos transcendê-lo. É o que acontece com o tronco. Se uma camada não se conclui, não é possível ir para uma nova camada, não é possível construir camadas maiores.

O nível de consciência que transcende o ego é chamado por algumas tradições de *Eu Superior* e corresponde ao nosso lado sábio. O Eu Superior é capaz de entender o ego (o da própria pessoa e o do outro), sabe como ele se sente, como ele age, o que ele deseja, do que ele precisa. Já o ego não consegue entender as ações do Eu Superior. O ego não aceita renúncias, não quer se desapegar, não sabe esperar, não tem confiança na vida, na Natureza, no processo. Ele não quer ser o coadjuvante, o instrumento, mas sim o agente, o protagonista. Por ficar centrado em si mesmo, o ego resiste a abrir mão de sua posição, resiste a ser coberto por uma camada maior, o que, na prática, significa que resiste a se desenvolver. Quando se olham a Natureza e as camadas do tronco, percebe-se que isso é antinatural. O natural é se desenvolver, é crescer, é ir para as camadas superiores.

Muitas vezes, encontramos dificuldades na vida por resistirmos a ir para uma camada maior ou por não percebermos que existe algo maior. Quando deparamos com alguma adversidade, é comum ficarmos presos aos problemas e não enxergarmos saídas. Voltamos nossa atenção para as dificuldades e não para as soluções. Ficamos no ego e não vamos para o Eu Superior. Tornamo-nos protagonistas de um drama e esquecemos que somos o *autor do roteiro*. Ignoramos que temos um sábio interior que nos indica o caminho. E, em vez de assumir o papel do herói que vence os inimigos, ficamos com o papel de vítima. Ficamos na camada menor.

Existem pessoas que sentem certo prazer em ser vítimas. Em muitos casos chegamos até a presenciar uma verdadeira competição de desgraças em que as pessoas parecem disputar quem é a mais desafortunada. Se durante a conversa alguém fala sobre uma doença ou sobre uma situação dramática, aparece outra pessoa que logo diz algo como: "Isso não é nada! Você não imagina o que aconteceu comigo!" e, aí, desfia um rosário de tragédias. São pessoas que insistem em ficar fechadas dentro dos problemas, sentem necessidade de ser protagonistas de dramas, de chamar a atenção das pessoas, enfim, de vencer um concurso de desgraças que elas criaram em suas cabeças.

Quando só pensamos em doenças, em problemas e infelicidades, ficamos na camada menor, não vamos para as camadas maiores do tronco. O ego se torna a última camada, se torna o nosso limite, ficamos presos a ele. Nesse caso, o ego nos contém. Somos contidos pelos limites do ego.

Livro colado no nariz

A observação das camadas do tronco de uma árvore nos permite refletir sobre o conter, o ser contido e sobre o significado da palavra *continente*. Um continente contém países, que contêm estados, que contêm cidades, que contêm ruas. As ruas estão contidas nos bairros, que estão contidos nas cidades, que estão contidas nos estados, que estão contidos nos países, que estão contidos nos continentes. Continente é tudo aquilo que contém outras coisas. É o que acontece com as camadas do tronco da árvore e com todas as coisas da vida humana. Cada camada maior é continente da camada menor. Todas as situações da vida são camadas que fazem parte de outra camada maior, de outro nível de realidade. Se nos fixamos numa situação, não percebemos que existem continentes e contextos maiores, e nos perdemos.

Quando estamos perdidos numa rua desconhecida, temos um problema. Andar para cima e para baixo na mesma rua não resolve nada. Precisamos ter uma visão mais ampla do local para nos encontrar. Precisamos de alguém que conheça bem o bairro (o bairro é um "continente" maior do que a rua) para nos orientar. Ou de um mapa que mostre a localização daquela rua dentro de um contexto maior. Para as questões da vida, podemos ter o mesmo procedimento. Quando procuramos um "continente maior", conseguimos visualizar melhor a situação e encontramos a saída.

Se olharmos apenas uma parte da situação, aquilo que observamos ocupa todo o nosso campo de visão. O detalhe acaba ocupando todo o nosso pensamento, absorvendo toda nossa energia, e até nossos sentimentos são canalizados para esse contexto. Não importa qual seja a situação, se não percebermos que o que nos ocorre no momento é apenas uma parte de um todo maior, essa parte se torna o todo e não enxergamos mais nada. É como encostar a página deste livro na ponta do nariz. A página não é grande, mas, quando fica a uns dois ou três centímetros dos olhos, ela encobre todo nosso campo de visão e não enxergamos mais nada, a não ser uma cortina branca de papel. E, pela distância tão curta, nem conseguimos ler o que está escrito. Quando afastamos o livro dos nossos olhos, conseguimos enxergar tudo que existe à nossa volta, a sala, os móveis, a paisagem, e o livro ganha sua verdadeira dimensão nesse contexto mais amplo.

Quando ficamos numa camada menor, os contornos dessa camada nos limitam. Ao visualizar as camadas superiores, podemos perceber que o local onde estamos e aquilo pelo que passamos é parte de uma realidade maior. Assim, quando estamos numa situação difícil, é recomendável evitar focar apenas as dificuldades para que elas não aumentem suas proporções em nossa mente. É melhor enxergar as dificuldades dentro de uma situação mais abrangente, global, dentro de um todo. Se estivermos passando por uma situação crítica, podemos ficar preocupados demais com o problema, podemos ficar ansiosos, com medo, desesperados, achar que estamos perdidos. Isso é normal, mas são tempo e energia jogados fora. É como ficar preso numa camada menor ou ficar com o livro colado no nariz. Porém, quando conseguimos pensar que os problemas fazem parte da vida, que aquilo que está nos acontecendo não é a nossa vida como um todo, mas apenas *um momento* da nossa vida, que as dificuldades não vão durar para sempre, as coisas mudam de figura.

O que quer que nos aconteça será parte da nossa história pessoal, mas não é a nossa história. Os acontecimentos de hoje serão apenas uma lembrança daqui a dois ou três anos. Vai ser apenas uma parte de um todo que é a nossa vida. Toda dificuldade é apenas um momento da vida, não é a vida em si. Fixar no problema é olhar apenas a camada menor. Precisamos olhar nossa vida em perspectiva. Ver os anos que já vivemos, tudo que fizemos, o que já conseguimos superar, o que conquistamos, todas as coisas que ainda podemos viver, experimentar, conhecer, aprender. Tudo isso é ampliar o ângulo de visão, é ver as coisas dentro de um continente maior, dentro de uma camada superior. As camadas menores do tronco não contêm a história da árvore, mas apenas uma parte dela. É a árvore que contém todas as camadas que foram sendo construídas ao longo da sua existência, ao longo da sua história.

Fêmea, namorada, gente

O paralelo com as camadas do tronco da árvore também tem validade nas relações afetivas. Podemos ver nosso parceiro ou parceira dentro de uma camada maior ou menor. Por exemplo, quando um homem é movido apenas pelo desejo sexual, ele enxerga a parceira sob o aspecto mulher, pelo seu lado físico. Quando o homem é impulsionado pela paixão ou pelo envolvimento romântico, ele procura manter uma relação de caráter mais afetivo com a parceira. A mulher deixa de ser apenas um objeto de prazer e se transforma numa namorada. Quando um homem deseja ter uma relação de troca, de crescimento mútuo, com respeito pela individualidade da mulher, ele estabelece uma relação de nível mais elevado, e a mulher é vista como um ser humano integral.

Enquanto o homem estiver focado nas primeiras camadas, no sexo e na possessividade, é difícil haver verdadeiro respeito humano, uma característica da terceira camada. A relação da primeira camada é básica, instintiva, de alívio das necessidades da libido. Na segunda camada, é comum aparecer a cobrança de exclusividade, a posse, o controle, os ciúmes, as proibições, os "deveres de namorados". Quando se vivencia a terceira camada, existem amizade e verdadeira intimidade entre o casal e a relação é de franqueza e lealdade. Na primeira camada, a parceira é vista como fêmea, na segunda, como namorada e na terceira, como ser humano, como gente. Podemos dizer que na primeira camada existe desejo, na segunda, paixão e na terceira, afeição profunda e amizade.

Quando a relação tem as características da camada maior, então é possível conter a segunda e a primeira camadas. Inversamente, quando a relação é típica da camada menor, ou seja, instintiva e possessiva, não é de esperar que contenha os elementos da camada maior. No maior cabe o menor, mas no menor não cabe o maior. Quando um homem se relaciona com a companheira como um ser humano, como gente, então existe uma afetividade maior e é possível se relacionar com ela também como namorada e mulher. Já nas relações contaminadas pela possessividade e pelos ciúmes, não existe respeito pelo outro como ser humano e é comum acontecer cenas de brigas e violências. Em casos extremos, podem até levar a crimes passionais como se vê nos noticiários.

Quem reconhece a importância de vivenciar a relação afetiva a partir da camada maior se preocupa com a felicidade do outro, tem respeito pelo espaço e pela individualidade do companheiro. Acha que o parceiro deve ser considerado mais pelo aspecto humano do que como namorado ou objeto sexual. A afeição humana vai ser mais importante do que a paixão e o desejo. E, mesmo que a paixão diminua ou a relação termine, vai sobrar o essencial, a amizade, o sentimento mais elevado.

A afeição humana é o continente maior, o tronco sólido que resiste a tudo.

A FRUTA CAI NO CHÃO PARA GERAR UMA NOVA ÁRVORE

Depois que amadurece, a fruta não fica na árvore. Em pouco tempo, ela se desprende do galho e cai. O *I Ching – O livro das mutações*, ao abordar esse fenômeno da Natureza, fala de uma "conexão entre a decomposição e a ressurreição" e diz que "é preciso que o fruto apodreça antes que a semente nova possa se desenvolver". Ao se desintegrar, a fruta faz que as sementes entrem em contato com o solo e proporciona o surgimento de novas árvores. A desintegração é apenas uma das fases de um ciclo maior.

Nós, seres humanos, temos tendência a resistir às ideias de mutação, impermanência, términos e desintegração. Queremos que as coisas durem para sempre, que nunca mudem. A busca pela constância e pela segurança é natural e, sem dúvida, precisamos que a vida tenha certa estabilidade para conseguirmos concretizar nossos projetos de vida. Quando vivemos sem estabilidade, de maneira inquieta e oscilante, com mudanças constantes e bruscas, nos desgastamos demais para que possamos nos adaptar às novas situações. Com o desgaste, ficamos sem recursos interiores para realizar as coisas mais importantes da vida. Por esse aspecto, a estabilidade é uma necessidade natural e é compreensível que se procure constância e permanência.

Mas tudo na vida tem ciclos e precisamos estar atentos às exigências do tempo. Como diz o homem do campo, "existe tempo para plantar e tempo para colher". Há um tempo certo para a fruta crescer e amadurecer. E, naturalmente, existe um momento em que a fruta se desintegra. Para os sábios chineses, a decomposição da fruta representa a conclusão de uma fase e o início de uma nova etapa da vida da árvore. O apodrecimento da fruta não significa término de tudo, mas uma transformação necessária para que o novo surja. É essa transformação que permite que a vida se renove e se perpetue. No pensamento oriental, essa regra vale tanto para a árvore quanto para o ser humano.

Não temos plena compreensão do que são ciclos naturais quando se trata da nossa própria vida. Muitas vezes, mantemos determinada situação por apego, hábito, teimosia, dependência, comodismo ou medo de arriscar e mudar. Em muitos casos, agimos como se fôssemos uma fruta madura que não quer se desprender da árvore. Resistimos à ideia de nos lançar no ar por receio de nos machucarmos com a queda. Ficar na árvore é mais seguro e desgarrar-se do galho nos parece perigoso. Contudo, não existe nada nesta vida que seja 100% seguro nem coisa alguma que não envolva risco ou perigo. E, querendo ou não, em algum momento teremos de estar prontos para nos desapegar de situações, coisas e pessoas para poder nos transformar e desenvolver.

Um fato real ilustra o conflito entre a segurança e a necessidade de experimentar novas situações na vida. Renato, que já tinha sido diretor de arte de uma grande editora e recentemente trabalhava numa empresa especializada em desenvolvimento de sites, estava insatisfeito com sua vida profissional. Resolveu deixar para trás um ótimo salário e o reconhecimento profissional que desfrutava para poder se dedicar a uma nova atividade que ia mais ao encontro dos seus ideais e de suas buscas. A esposa tinha acabado de ter um filho e muita gente achou que não seria prudente abandonar seu emprego seguro por algo tão abstrato como o seu sentido de "missão de vida". Mas uma parte dele sabia que, se não se desligasse da empresa, ficaria preso às comodidades que eram oferecidas e não conseguiria se realizar como ser humano. Sentia que já havia atingido o que era possível dentro da empresa. Sua carreira já estava "amadurecida" e ele percebia que era o momento de se desprender da árvore da segurança. Era hora de se lançar no espaço, de se aventurar e ir atrás de seus objetivos maiores.

O que ele pretendia fazer era arriscado. Entre outras coisas, poderia se desiludir com seu projeto, ter dificuldades em sustentar a família recém-constituída e sofrer um isolamento profissional. Passou vários dias a refletir sobre todos os riscos, seus impulsos, suas necessidades mais profundas, seus valores e o significado de sua existência. Um dia, ele se lembrou de uma frase que tinha lido em algum lugar. As palavras que vieram à cabeça foram decisivas: "No porto, os navios estão seguros; mas não é para isso que eles existem". Era tudo que ele precisava "ouvir" para que a fruta se soltasse do galho. Ele ouviu sua intuição e se jogou no ar. Seguiu aquilo que dava sentido à sua existência e começou uma nova fase da vida.

Jaca que passou do ponto

Cada fase tem a sua função e, uma vez cumprida, uma nova transformação se inicia. A transformação é inevitável, é a lei da vida. Quase todo mundo já aprendeu nos bancos da escola a célebre frase de Lavoisier, cientista francês que viveu no século XVII: "Na Natureza, nada se cria, nada se perde; tudo se transforma".

O universo é transformação. Segundo dizem os astrofísicos, todos os átomos que existem hoje apareceram no momento do *Big Bang*, a explosão primordial que deu origem ao Cosmo. De lá para cá, os átomos têm se associado e se separado para constituir tudo que vemos no mundo. Cada átomo migra de um corpo físico para outro para formar moléculas que se transformam em gases, minerais, células, plantas, animais, seres humanos. E são os mesmos átomos, desde que surgiu o universo. Assim, um mesmo átomo que estava presente no momento da explosão universal também participou da formação do Sol, da formação da Terra. Estava nos mares primitivos do nosso planeta, nas primeiras criaturas unicelulares, nos dentes dos dinossauros, nas flores das primeiras plantas de reprodução sexuada, nas unhas dos primeiros primatas. Já esteve no suor dos escravos que construíram as pirâmides do Egito, nos pelos dos pincéis que Van Gogh usou para pintar seus autorretratos, nas batatas fritas que Marilyn Monroe comeu num restaurante de Los Angeles. Não é nada diferente daquilo que foi comentado num capítulo anterior sobre o ciclo da água em nosso planeta.

Os átomos participam de todas as manifestações da Natureza e não se consegue determinar o local e o momento em que um objeto se transforma no outro. Tudo é contínuo, mutante e flutuante, sem limites definidos, sem contornos. No âmbito humano, a mente sente necessidade de dividir as transformações em partes ou ciclos. Assim, consegue entender as diferenças entre as situações e estruturar as mudanças contínuas em fases com características próprias. Por isso, o dia é dividido em períodos diurno e noturno, o ano em quatro estações, a escala musical em sete notas, o espectro cromático em sete cores, os livros em capítulos, a vida humana em nascimento, infância, adolescência, maturidade, velhice e morte. Cada uma das etapas é parte de um ciclo maior. E o fim de um ciclo marca o início de um novo ciclo, de uma nova grande transformação. A queda da fruta no solo tem o significado de transformação, de reinício, assim como a lenda da Fênix, o pássaro mitológico que ressurge das próprias cinzas.

Em muitos momentos da vida, deparamos com finais de ciclos e com a necessidade de transformações significativas. É o caso da relação afetiva desgastada, do emprego que não traz nenhuma perspectiva, dos fantasmas do passado, do pensamento que precisa ser revisto, dos padrões de comportamento que não nos servem mais, dos valores ultrapassados. Todas essas coisas são como jaca que já passou do ponto e precisa cair e se desintegrar na terra para permitir que algo novo surja. Só assim é possível recomeçar tudo em novos termos e renovar a vida.

As sementes das sementes

É normal pensarmos mais na conclusão e nos resultados do que nas outras fases de um processo. Para nós, o amadurecimento dos frutos é o momento mais esperado de uma plantação. É o auge da atividade do plantio. A consequência natural disso é que poucas vezes pensamos no processo todo, que inclui não só o crescimento e os frutos (os resultados), mas também o declínio que se segue ao auge de qualquer fenômeno da vida (continuidade do processo). A Natureza nos mostra que o auge é apenas uma das fases de qualquer situação, que ele não dura muito tempo. Também nos lembra que não existe "mais desenvolvimento" além do ponto máximo. Não existe "mais auge" além do auge. Depois que a fruta amadurece, não é possível que ela fique "mais madura". Ela começa seu processo de deterioração e é inevitável que ela caia. Isso nos mostra a importância de cuidar com atenção da fase do crescimento e do amadurecimento, não pelo amadurecimento em si, e sim para que a etapa seguinte, o declínio, seja o mais frutífero e saudável possível. Quanto mais bem cuidada for a fase inicial, melhores serão as condições da fase final.

Por exemplo, o corpo humano atinge o ponto máximo do vigor na casa dos vinte anos. Até essa fase o organismo está num processo de crescimento e consolidação, e produz células novas. Passado o auge, o organismo para de produzir novas células e, por um período, apenas cuida da manutenção das células existentes. Quando passa a idade reprodutiva, as células velhas começam a morrer num processo chamado apoptose. Aí, o corpo entra em declínio até a senilidade e a morte. Se não tivermos consciência da existência do auge e do declínio, poderemos levar a vida de forma desregrada, despreocupados com os abusos, como se a juventude, o vigor e a saúde fossem para sempre. A Natureza indica que a energia vital deve ser usada de forma organizada e construtiva, e não de forma indisciplinada e autodestrutiva.

A árvore despende muita energia para gerar sementes. O processo começa com a floração, que exige que a árvore reserve parte da sua força vital para produzir as flores. Na formação dos frutos, a árvore consome mais energia ainda pois é uma fase longa e as centenas de frutos precisam crescer muito nesse período. Como bons frutos produzem boas sementes, é importante que a fase de crescimento dos frutos seja aproveitada da melhor forma possível. Esse mesmo cuidado vale para nossa vida. Assim como a árvore não tem energia de sobra para desperdiçar, o ser humano também tem uma quantidade limitada de energia para se desenvolver e crescer exterior e interiormente. O desperdício em atividades que desgastam a mente e o organismo vai se refletir na fase posterior ao auge. E uma pessoa física e psicologicamente desgastada não consegue produzir bons frutos, não consegue dar o melhor de si e tudo que fizer será estéril, como uma fruta sem sementes.

Uma pessoa sábia não se preocupa apenas em aproveitar ao máximo o momento presente. Sua maior preocupação é a de deixar sua contribuição ao mundo. Os grandes estadistas, ativistas, pensadores e cientistas enxergam mais longe do que as pessoas comuns. Todos os grandes nomes da humanidade sabiam que o que eles faziam não teria retorno imediato, para sua vida ou nem mesmo para sua geração. Eles plantaram árvores pensando nas sementes e nas sementes das sementes e não apenas nos frutos que poderiam colher e desfrutar em vida. Quando pessoas como Martin Luther King, Ghandi, John Lennon, Nelson Mandela e outros expoentes defenderam seus ideais, deixaram muitas sementes espalhadas pela Terra.

É verdade que nem todos nascem para ser uma grande figura da humanidade, mas todos podem contribuir para um mundo melhor. Podemos semear boas sementes, podemos ter comportamentos que gerem bons frutos e tragam consequências positivas à nossa volta, ao nosso mundo imediato. Ser um cidadão responsável, um profissional ético, um pai atencioso, uma mãe amorosa, um empregador sensível às necessidades dos funcionários, um bom vizinho, um professor consciente de seu papel, já são contribuições concretas. Preocupar-se com a ecologia e a sustentabilidade, procurar manter a dignidade diante do mundo cercado de maus exemplos e desenvolver a interioridade também são formas de deixar boas sementes nesta vida.

Não é preciso semear todo o planeta. Cuidar bem do próprio jardim já é suficiente. Uma pessoa que tem consciência disso não se deixa levar por pensamentos negativos quando percebe a realidade transitória da vida. Não desanima pelo fato de que a juventude, o vigor e a capacidade intelectual um dia entrarão em declínio e não terá a eternidade para conquistar tudo que sonha ou para consertar o mundo. Para uma pessoa evoluída, deixar sementes é mais importante do que comer os frutos e, portanto, a desintegração não a amedronta. Mas, se não geramos e não carregamos boas sementes dentro de nós mesmos, toda situação de encerramento de ciclo pode nos apavorar. Sem o ideal de semear não vemos nenhuma perspectiva, não temos nada de relevante para levar para a nova etapa da vida, não temos sementes para oferecer, não temos o que plantar nem o que colher. Quando temos desejo verdadeiro de contribuir para o bem da humanidade e aprendemos que a desintegração é uma fase natural e, acima de tudo, necessária, o desprender-se da árvore e semear a terra se transforma numa missão, no melhor que podemos oferecer à vida.

A ÁRVORE COMEÇA COM A SEMENTE ≈

No Brasil, existem pelo menos dois ditados populares que falam sobre o começo das coisas: "O que não começa bem não termina bem" e "Pau que nasce torto morre torto". A sabedoria popular nos ensina que é importante prestar atenção ao que ocorre no início dos acontecimentos. O começo define o que virá em seguida.

Os sábios orientais compartilham desse pensamento. Para eles, o começo é o momento mais importante de qualquer fenômeno, de qualquer situação e de qualquer ação. No livro *Tao Te Ching*, o sábio Lao-Tsé diz: "Uma árvore de tronco enorme começa de uma muda fina como cabelo; uma torre de nove andares começa sobre um montículo de terra; uma caminhada de mil léguas começa com o primeiro passo".

No geral, não prestamos atenção quando iniciamos alguma

coisa. Fazemos tudo de maneira automática, como se fosse uma coisa sem importância. Assim, uma muda, um montículo de terra e um passo nos parecem coisas insignificantes e não percebemos que são a origem e o ponto de partida de coisas que podem ganhar grandes proporções mais adiante. Uma postura negligente diante do começo das coisas pode nos causar transtornos futuros. Se o início não for cercado de cuidados especiais, tudo que vier em seguida pode se desviar para resultados não desejados, em especial quando se trata de uma situação delicada ou de um grande projeto.

"Quando se quer dar início a um empreendimento em meio a uma época excepcional, uma extraordinária cautela torna-se necessária, assim como, ao colocar algo pesado no chão, forra-se com junco embaixo para que nada se quebre", diz o *I Ching – O livro das mutações*. "Essa precaução pode parecer excessiva, mas não é um erro. Os empreendimentos excepcionais só podem ter sucesso caso se observe a máxima cautela nos primórdios e nas bases."

Os livros chineses se referem à semente como símbolo do começo, como imagem do início de qualquer processo. Confúcio fez o seguinte comentário no *I Ching*: "Conhecer as sementes é sem dúvida uma faculdade divina. Em sua relação com seus dirigentes o homem superior (sábio) não é adulador. Na relação com os subalternos não é arrogante, pois conhece as sementes. As sementes são os primórdios ainda imperceptíveis do movimento, o primeiro sinal de boa fortuna (ou de infortúnio). O homem superior percebe as sementes e age imediatamente".

Na Natureza, a semente gera um broto, o broto se transforma numa muda, a muda se transforma numa árvore, a árvore dá frutos e os frutos produzem novas sementes. O comportamento humano tem paralelo com esse ciclo natural. Para os taoistas, tudo que o ser humano faz começa com uma *intenção*, que seria correspondente à semente, e tudo tem um resultado, que seriam os frutos. Os mestres chineses afirmam que o ser humano está inserto num ciclo que pode ser virtuoso ou vicioso e ensinam que esse ciclo tem a seguinte dinâmica:

A *intenção* leva a uma *ação*, a ação cria um *hábito*, o hábito determina um *modo de vida* e o modo de vida gera um *carma*.

Em termos simbólicos, a árvore e o ser humano seguem o mesmo ciclo.

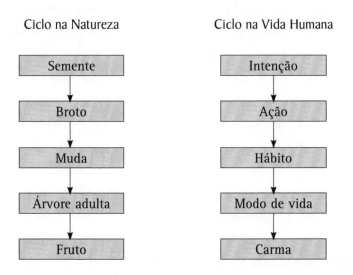

Gráfico dos ciclos da Natureza e da geração do carma na vida humana, de acordo com os mestres taoistas.

Antes de prosseguir, é conveniente fazer alguns comentários a respeito do conceito de carma. Quando ouvimos essa palavra, pensamos em castigo, em fardo, em alguma coisa pesada, numa punição por algo que fizemos de errado em vidas anteriores. Essa é uma visão limitada e popular de carma. Num sentido mais amplo e isento de conotações metafísicas, carma pode ser entendido como *consequência* ou *efeito*. Em comparação com a Natureza, a intenção é a semente que dá origem à árvore e o carma (ou consequência) seria correspondente ao fruto que essa árvore produz.

Entre sementes de abóbora e melão

As consequências podem ser consideradas boas ou ruins, mas, em última análise, são apenas consequências. Do mesmo modo, na visão taoista, o carma não é necessariamente uma coisa ruim. Carma em si é um conceito neutro, não é negativo nem positivo. Por isso, pode-se até falar em "bom carma" ou em "carma ruim", mas carma é carma, assim como efeito é efeito, ou consequência é consequência. Bom ou ruim é somente um valor pessoal que se atribui às consequências, é a forma como cada pessoa as encara e experimenta. O valor atribuído não é uma verdade absoluta.

Se a pessoa vive uma situação de dificuldade financeira, isso é um carma. Se alguém se encontra num momento de felicidade nas relações afetivas, isso também é um carma. A situação de precariedade material é um carma porque é uma consequência ou um efeito de alguma atitude tomada no passado. Do mesmo modo, as relações harmoniosas e enriquecedoras que uma pessoa vive também são carma, ou seja, são consequências ou efeitos de coisas que foram feitas no passado. As ações do passado, acreditam os taoistas, não precisam ser necessariamente as que tivemos em existências anteriores, mas também são as ações que tivemos e temos durante a vida atual. De um jeito ou de outro, todas as ações geram consequências e todas as coisas que nos acontecem hoje são efeitos de alguma decisão anterior.

A consciência disso nos faz perceber que, no fundo, todas as coisas que vão nos acontecer amanhã serão consequências das nossas escolhas, das nossas intenções, da nossa postura diante da vida e das decisões que tomarmos hoje. Criamos nosso próprio carma a cada segundo, a cada ação, a cada decisão, a cada escolha, a cada pensamento. É por isso que os sábios consideram que o começo é o momento mais importante de todas as ações. O começo é a semente e só podemos colher o que plantarmos. Todos os efeitos têm uma causa, uma origem, uma semente.

Se a semente corresponde à intenção e se, por exemplo, nossa intenção é colher melão, é preciso plantar sementes de melão e não de abóbora, embora à primeira vista as sementes sejam parecidas e possam ser confundidas. Nisso consiste a importância do conhecimento, da experiência e da consciência daquilo que escolhemos e fazemos. Se não formos capazes de reconhecer sementes de melão entre sementes de abóbora, não poderemos ter certeza do que vamos colher quando a planta der frutos. O conhecimento nesse caso é indispensável.

Na vida humana acontece a mesma coisa. Muitas vezes, ficamos em dúvida entre duas ou mais possibilidades que parecem semelhantes e julgamos ser indiferente seguirmos por este ou aquele caminho. No final, percebemos que não é bem assim.

O descuido ou o pouco caso na escolha inicial pode resultar em consequências indesejadas e todo o esforço será inútil. A consciência, portanto, é fundamental.

Na vida afetiva isso também é muito importante. Iniciar uma relação sem ter nenhuma consciência do que é importante e sem medir as consequências é como caminhar no escuro. É aconselhável conhecer o motivo de estarmos nos relacionando e quais são nossas intenções com a relação. Um namoro ou um casamento motivado por intenções erradas só pode dar errado. Se o relacionamento for apenas para não ficar sozinho, para preencher carências, pelo prazer sexual, por vantagens econômicas ou para exibir um "troféu", com certeza a relação vai se deteriorar em pouco tempo e os envolvidos vão se ver num turbilhão de sentimentos desgastantes. Mas, se o que se busca é a troca, o enriquecimento interior mútuo, o compartilhar, a vivência de sentimentos profundos, então os frutos poderão ser doces.

Definição de valores

No cultivo da horta, precisamos ter consciência do que queremos colher para escolher e plantar as sementes certas. Na vida, precisamos ter consciência das nossas verdadeiras intenções para poder escolher as ações corretas. Só assim nossos objetivos podem ser atingidos e as consequências serão as mais benéficas possíveis. Plantar qualquer semente sem conhecer ou sem saber se é um pé de laranja, limão, melão ou abóbora é um despropósito, não tem sentido. Tomar atitudes na vida sem saber o que quer, sem ter noção da verdadeira intenção, sem levar em conta nossos valores mais elevados e sem avaliar as consequências, também é um despropósito e não tem sentido. Atitudes negligentes, inconscientes e inconsequentes podem resultar em situações desastrosas que poderiam ser evitadas se prestássemos mais atenção ao processo inicial.

Na educação e na formação das crianças, acontece o mesmo. É essencial estabelecer regras e limites desde a infância, que é o começo da vida. O *I Ching – O livro das mutações* prega que "as crianças devem ser acostumadas desde cedo a normas firmes, antes que sua vontade se volte para outras direções. Se a ordem é imposta tardiamente, quando já se foi demasiado indulgente com a criança, tem-se de enfrentar a resistência dos caprichos e das paixões que se desenvolveram, havendo, portanto, motivo para arrependimento". O livro também cita um costume dos antigos criadores de gado da China para ilustrar a importância de antever os problemas desde o início: "Antes que cresçam os chifres de um touro, coloca-se uma tábua protetora na sua cabeça a fim de impedir que, uma vez crescidos, venham a ferir. Prevenir o despertar da ferocidade antes que se manifeste é uma boa forma de domesticar".

Ser precavido e cuidar do início das coisas é uma atitude necessária e prudente. É importante reconhecer quais são as motivações interiores presentes na origem das nossas ações. Na educação, somente a definição clara de valores morais e uma intenção resoluta de formar corretamente o caráter das crianças desde os primeiros anos de vida podem dar força aos pais e educadores para impor regras e limites. Sem essa intenção, prevalecem as vontades das crianças e o futuro pode ficar comprometido por falta de valores firmes.

Questões de conflito entre pessoas também podem ser evitadas com esse cuidado. No *I Ching*, lemos que: "O homem superior (a pessoa sábia) em todas as negociações considera cuidadosamente o começo". O livro diz que "as causas do conflito encontram-se latentes nas tendências opostas", que são naturais em todas as situações da vida. "Para que se possa evitá-lo, tudo deve ser cuidadosamente considerado desde o início. Se os direitos e deveres são definidos com precisão ou se num grupo as orientações espirituais convergem, a causa do conflito fica, de antemão, eliminada". Neste texto, podemos entender "orientações espirituais" como objetivos elevados, como ponto de partida, como semente, como intenções profundas.

A definição clara dos valores morais e a intenção resoluta de formar o caráter não se aplicam apenas à educação das crianças ou à administração de conflitos com os outros, mas também ao nosso desenvolvimento pessoal, daí a importância das "orientações espirituais" e das intenções profundas.

Nenhuma ação, por mais insignificante que seja, é um fato independente. Toda ação atende a alguma intenção. A intenção pode ter duas naturezas. A primeira é pessoal, egoísta, com o objetivo de atender aos interesses particulares, uma resposta emocional e automática a uma situação. A segunda é voltada para valores elevados, altruísta, de origem transcendente, alinhada com a nossa missão de vida. Os sábios insistem na necessidade do conhecimento de si mesmo e na serenidade interior para perceber as verdadeiras motivações que nos fazem tomar determinada atitude. Eles afirmam que as intenções podem ser do nosso ego ou do nosso Eu Superior, ou seja, da nossa essência. Assim, podemos plantar sementes dos interesses pessoais ou de algo mais elevado. E, claro, de acordo com a nossa escolha vamos colher os frutos correspondentes, vamos ter as consequências naturais.

Ao comprar uma caneta, por exemplo, uma pessoa pode ser

motivada pela necessidade ou pelo desejo, pelo Eu Superior ou pelo ego. Se a intenção é ostentar poder aquisitivo, ela comprará uma caneta de uma marca supercobiçada e pagará uma fortuna por isso. Para o ego, quanto mais caro, melhor. Assim, o ego vai sentir um prazer enorme em exibir "a" caneta nas reuniões e no momento de assinar a conta do restaurante na frente dos amigos. Reconhecimento social é um desejo do ego, não é uma necessidade do Eu Superior. Nossa essência sabe que a caneta serve apenas para escrever, e qualquer esferográfica cumpriria essa função.

Culpa do destino

Uma pessoa que sente desejo de ostentar vai fazer tudo com essa intenção. Ao comprar uma camisa, vai preferir a grife mais cara; ao mudar de residência, vai para o bairro mais elegante; ao se hospedar num hotel, vai pedir a suíte mais sofisticada. Todas essas ações são motivadas pela mesma intenção. Os chineses diriam que a pessoa com esse comportamento já entrou na terceira fase da dinâmica do ciclo: o *hábito*. Primeiro vem a intenção, depois a ação e, em seguida, vem o hábito. O hábito não é só quando uma pessoa repete a mesma ação específica, mas também quando repete um mesmo padrão de comportamento, que nesse exemplo é o desejo de mostrar riqueza e assim obter aceitação social. No fundo, *hábito é a repetição de uma mesma intenção* e não de uma mesma ação.

Depois de algum tempo, o hábito torna-se parte integrante da pessoa, transforma-se num mecanismo automático de suas ações. Com isso, a pessoa só consegue ter identidade se contar com todos os aparatos que acumulou em torno de si. Nesse estágio, dizemos que a pessoa desenvolveu seu *modo de vida*. Ela já está tão comprometida com os hábitos que não consegue mais voltar atrás. Sua *Persona*, ou seja, sua máscara social, sua imagem na comunidade, é baseada nas coisas que tem e nas coisas que faz para manter as aparências. A pessoa se identifica com o padrão que construiu. Daí em diante, já não pode usar roupas simples, se hospedar em hotéis modestos, morar em bairros menos sofisticados ou usar canetas comuns.

Enquanto a pessoa tiver condições financeiras para manter seu padrão, não há nenhum problema. Mas, se o poder aquisitivo diminui por desemprego, recessão econômica, roubos, investimentos que deram errado, dilapidação de bens ou algum outro motivo, a pessoa pode enfrentar situações complicadas se não mudar seu modo de vida. Ela não terá cacife para bancar as despesas exorbitantes e tentará manter as aparências custe o que custar, aconteça o que acontecer. Poderá dar "calotes" na praça, criar um rombo nos seus créditos bancários, pedir empréstimos que não conseguirá honrar, ou, ainda, se envolver em atividades ilícitas. No final, sua vida se transformará num inferno e se sentirá acabada, doente, frustrada, inferiorizada. A essa situação de sofrimento dá-se o nome de *carma*, nesse caso um carma ruim.

A pessoa vai achar que o destino não lhe foi favorável. Que a culpa do seu sofrimento é da política econômica, do mercado, do aumento dos preços, do azar nos negócios. Talvez demore a perceber – ou nunca perceba – que ela mesma é responsável pela situação em que se encontra. Pode ser que não se dê conta de que o que ela passa neste momento é só consequência do impulso de satisfazer seu desejo de *status*. A intenção levou a uma ação, a repetição da ação levou a um hábito, o hábito determinou um modo de vida e o modo de vida gerou a situação atual, que é uma consequência ou um efeito das suas atitudes anteriores. A semente da ostentação foi plantada pelo ego, o broto se desenvolveu regado pelas intenções de reconhecimento social, com o tempo a planta ganhou grandes proporções e, no final, os frutos da árvore são os sofrimentos amargos com os quais a pessoa precisa conviver agora.

Talvez a pessoa não perceba que teria sido prudente antever os perigos desde o começo e seria preciso tomar cuidados preventivos antes que as dificuldades se manifestassem. Seria mais sábio levar a vida de forma simples e menos voltada para a ostentação. Se, por exemplo, a pessoa tivesse se dedicado a desenvolver sua interioridade, teria se conhecido melhor, teria uma escala de valores que lhe daria uma forte autoestima e não precisaria de objetos caros para se sentir admirada.

No geral, uma pessoa pouco dada a reflexões procura encontrar um culpado pela sua situação de dificuldade. Para uma pessoa assim, sempre existirá alguém ou alguma coisa que é responsável pela sua infelicidade. Essa é a forma mais cômoda de lidar com as questões e de se eximir de toda e qualquer responsabilidade sobre o que lhe acontece. Atitudes como essas têm a característica de perpetuar a imaturidade e acabam se transformando em justificativas para fugir do árduo trabalho do aprofundamento do seu ser e do desenvolvimento da personalidade.

Ervas daninhas da relação

"Não é a erva daninha que danifica a horta; é o descuido de quem planta", diz um ditado chinês. Como sempre, é uma frase simples, óbvia e, ao mesmo tempo, impactante pela sabedoria. O ditado apenas afirma a realidade. Faz-nos lembrar que a erva daninha tem a sua própria natureza, que é a de crescer e se multiplicar como fazem todas as criaturas vivas da Terra. Não se pode culpá-la por isso. Quando se planta uma horta, é preciso ter consciência de que a erva daninha pode prejudicar a plantação. O dano só acontece por desconhecimento (o que é quase impossível para alguém que vive do plantio) ou por negligência.

Quando aparecem as primeiras ervas daninhas, elas devem ser arrancadas antes que se desenvolvam. Como já foi dito, é mais fácil controlar a situação no começo. Se forem deixadas na horta, as ervas vão crescer e se multiplicar, suas raízes vão esgotar a terra e em pouco tempo arruinarão a plantação. Arrancar as ervas daninhas depois que as raízes se aprofundaram na terra é uma tarefa exaustiva e contraproducente. Em alguns casos, é até melhor recomeçar a plantação e tomar as devidas providências para não repetir o erro, quer tenha sido provocado por desconhecimento ou por negligência.

Numa relação interpessoal, de amizade ou de namoro, os cuidados são os mesmos. Se num relacionamento surgirem os primeiros sinais de desrespeito, egoísmo, atitudes invasivas, controles, proibições, violências físicas ou verbais, convém prestar muita atenção. É sobre essa base que a relação vai ser "construída". Negligenciar esses sinais é uma grande imprudência. Precisamos entender que o outro, assim como a erva daninha, tem sua própria natureza. Fazer de conta que seu comportamento não tem importância e continuar na relação é caminho aberto para a infelicidade anunciada. Relacionar-se é como cultivar uma horta. É necessário reconhecer e eliminar o que é prejudicial à harmonia da convivência.

Se prestarmos atenção, podemos identificar as ervas daninhas da relação desde o começo. São os pontos que geram as tensões, as divergências, as diferenças. Se os desencontros se referirem a valores fundamentais como buscas pessoais e objetivos de vida, é melhor dar outro rumo à relação antes que ela continue a existir por inércia ou pela força do hábito. Inércia e hábito não são bons motivos para manter uma relação. Mais tarde pode ser complicado e sofrido demais se desatrelar de uma pessoa incompatível. A manutenção inconsequente do relacionamento pode gerar filhos, vínculos financeiros, dependências simbióticas, doenças, chantagens emocionais, entre outras coisas. Tudo isso são empecilhos para um rompimento que se faz necessário. Talvez seja melhor abandonar a horta que está danificada e começar uma nova plantação, isto é, outra relação com maior consciência e cuidado, ou, se for o caso, recomeçar a mesma relação de maneira diferente.

Sempre temos condições de reavaliar as intenções do passado. Dependendo da situação presente, podemos mudar ou manter nossas intenções originais. Se nossa vida é rica e gratificante, podemos continuar com as intenções que deram origem à situação atual. Se hoje vivemos uma situação desfavorável, temos a oportunidade de rever nossos valores e nossas intenções. Se tomarmos consciência desse processo e da nossa própria responsabilidade sobre o que nos acontece, poderemos mudar nosso carma. A todo instante, estamos diante da possibilidade de escolhas que afetarão nosso futuro, nossa situação, nosso carma. No exemplo da pessoa que só quer *status*, se optar por manter as aparências, ela sofrerá mais ainda, seu carma será ainda mais amargo. Se ela se conscientizar de que a ostentação não foi uma boa semente e agora decidir plantar a semente da moderação, então será gerada uma árvore que produzirá melhores frutos.

O mesmo vale para as relações de afeto ou de amizade. Se a felicidade do outro, a vontade de troca rica de experiências, a franqueza e o desenvolvimento das potencialidades humanas forem os fundamentos da relação, então está se plantando uma boa semente. As intenções serão corretas e os frutos serão doces. Mesmo nos casos de descontinuidade da relação, as pessoas entenderão os processos interiores do outro, permanecerão amigas, terão respeito mútuo, saberão que podem contar um com o outro nas dificuldades, em qualquer momento da vida.

Boas sementes e intenções corretas geram boas árvores e como consequência podemos viver tranquilos debaixo das suas copas com muita sombra e água fresca. E mais: quando escolhemos a boa semente, quando temos intenções corretas, a dinâmica do ciclo se torna criativa, virtuosa, e conseguimos viver um estado de paz interior e de serena felicidade *durante todo o processo*, em todas as circunstâncias. Afinal, todas as situações da nossa vida, a qualquer momento, são necessariamente consequências. São frutos que começaram de uma semente.

. 5 .

As lições do céu

O DIA TEM SOMBRAS
E A NOITE TEM A LUZ DOS ASTROS ≈

Desde que desenvolveu a consciência, o homem primitivo percebeu que durante o dia, quando o sol aparece, tudo se ilumina, a paisagem fica visível e a Terra esquenta. À noite, depois que o sol desaparece, a temperatura cai, tudo fica escuro e não se enxerga a paisagem. Ao observar esses acontecimentos, os orientais entenderam que tudo na Natureza é constituído de polaridades como o dia e a noite, o aparecer e o desaparecer, o claro e o escuro, o visível e o invisível, o quente e o frio.

Para simplificar, os chineses dividiram as manifestações da Natureza em duas categorias. Para eles, tudo que existe no mundo pode ser classificado em aspectos *yin* ou em aspectos *yang*. Assim, o dia, a claridade, o calor, o aparecer e o visível são aspectos *yang* da Natureza; enquanto a noite, a escuridão, o frio, o desaparecer e o invisível são seus aspectos *yin*. Todos os opostos imagináveis como masculino e feminino, alto e baixo, expansão e contração, rígido e macio, razão e emoção, ideal e prático, sagrado e profano, guerra e paz, nascimento e morte, cheio e vazio, são aspectos *yin* ou *yang*.

A polaridade, segundo os orientais, não é absoluta, estanque e excludente. Eles não falam em oposição pura e simples e sim em *complementaridade*. No Taoismo, *yin* e *yang* não são opostos que se excluem. Ao contrário, são opostos que se inter-relacionam, que se complementam. Nada existe de forma isolada, sem referencial e sem o seu oposto. Um aspecto depende do outro. Não existe um rio que só tenha margem esquerda e não tenha a margem direita, ou uma folha de papel que só tenha frente e não tenha verso. Da mesma forma, o conceito de belo existe porque também existe a noção do feio, o silêncio existe porque existe o som, o repouso existe porque existe o movimento, o grande existe porque existe o pequeno, a noite existe porque existe o dia.

A característica do dia é a claridade e a característica da noite é a escuridão, mas durante o dia temos sombras que são pedaços de escuridão dentro do todo iluminado e durante a noite temos a Lua e as estrelas que são pontos de luz dentro das trevas. É isso que nos mostra a figura do *yin-yang*.

Símbolo taoista da complementaridade dos opostos yin *e* yang.

O símbolo não é constituído apenas de áreas chapadas em preto-e-branco. Dentro da área larga de cada cor, vemos um ponto da cor oposta. O ponto preto são as sombras do dia e o ponto branco é a luz das estrelas e da Lua dentro da noite. Segundo os taoistas, os pontos de cores opostas mostram que dentro de cada aspecto também existe o seu contrário.

A vida funciona em harmonia por causa dessa realidade. Por exemplo, para que uma pessoa venha ao mundo, acontece a fusão de uma célula feminina, o óvulo, com uma célula masculina, o espermatozoide. Não importa qual será o sexo da criança que vai nascer da fecundação, mas ela terá um pouco do sexo oposto na sua constituição. Se nascer uma menina, além da sua natureza feminina, a criança também vai ter alguns traços vindos do espermatozoide e, se nascer menino, também vai ter alguns elementos que vieram da célula reprodutiva feminina.

Oposto é complemento

O ser humano carrega certa quantidade do hormônio do sexo oposto em sua formação bioquímica. Uma pessoa do sexo masculino tem como principal hormônio a testosterona, substância responsável pela virilidade, força física e agressividade. Mas além da testosterona também encontramos em seu organismo o estrogênio, um hormônio feminino, que é responsável, entre outras coisas, pela produção dos cabelos. Com a diminuição ou a ausência do hormônio feminino, o homem pode ter problemas de calvície. Com a mulher, ocorre um fenômeno semelhante. Ela possui uma grande quantidade de estrogênio no corpo, que definem seus traços típicos de feminilidade, mas também precisa de determinada quantidade de testosterona para que tenha impulsos vitais. Sem a testosterona, a libido da mulher desaparece e ela perde o apetite sexual.

Existe um paralelo desse fenômeno no âmbito psicológico. Segundo afirma C. G. Jung, a psique humana também possui componentes do sexo oposto que são mantidos no inconsciente.

Para Jung, toda pessoa do sexo masculino tem em sua constituição psicológica uma figura feminina interior inconsciente que ele chamou de *Anima*. No processo psicológico do homem, a *Anima* é responsável pela sensibilidade, pela emotividade, pela intuição, pela receptividade, pelo sentimento de acolhimento, pela interioridade e pelo desejo de relacionamentos, entre outras manifestações.

Da mesma forma, a mulher guarda uma figura interior masculina no inconsciente que é chamada de *Animus*. O componente masculino na mulher tem a função de assegurar sua racionalidade, sua capacidade lógica, a intelectualidade, a iniciativa, a assertividade e a capacidade argumentativa. Um homem equilibrado não reprime as manifestações de sua *Anima* e a mulher amadurecida se relaciona bem com os conteúdos masculinos provenientes do seu *Animus*.

Na Natureza, não há nada que seja constituído apenas por um aspecto. Não encontramos nenhuma manifestação que seja absolutamente *yin* ou absolutamente *yang*. Existem sombra durante o dia e o brilho dos astros durante a noite. Não existe luz total nem treva total. Por isso, viver em equilíbrio significa evitar a polarização para apenas um dos lados; é experimentar todos os aspectos da vida de forma moderada, sem exageros, sem extremismos, e de acordo com sua própria natureza.

Uma mulher é predominantemente *yin*: sensível, emotiva, acolhedora, delicada, protetora, mas precisa desenvolver de forma equilibrada o aspecto *yang*, a racionalidade, a agressividade, a força física. Se a mulher for excessivamente emotiva, frágil e suscetível, ela terá dificuldade para lidar com as situações de conflito nos relacionamentos e as pessoas à sua volta se sentirão pouco à vontade para se expressar com liberdade. A racionalidade equilibrada vai permitir a ela que consiga resolver questões emocionais com mais lucidez e com um distanciamento saudável.

No homem, por sua vez, prepondera o aspecto *yang*, que o torna racional, forte e rígido, mas é importante que ele tenha um pouco dos aspectos *yin* em sua personalidade, como a delicadeza no trato social, a sensibilidade para entender os sentimentos das pessoas, a intuição para resolver questões mentais complexas. Não existem uma mulher totalmente *yin* nem um homem totalmente *yang*. Se existissem, seriam pessoas extremadas e impossíveis de conviver. Existem pessoas em equilíbrio ou em desequilíbrio em maior ou menor grau com sua verdadeira natureza.

Polarizar apenas num aspecto não é natural, torna a vida desgastante e não permite à pessoa avançar e se desenvolver como ser humano. É desgastante porque a pessoa precisa se esforçar para manter uma postura que não corresponde à sua verdadeira natureza, ou seja, para manter um estado de desequilíbrio.

Como temos certa quantidade de energia para nossas atividades físicas e psíquicas, é conveniente usá-la da forma mais inteligente possível. A energia pode ser usada em atividades *yin* e *yang* de forma moderada ou de forma exagerada e, dependendo da escolha – que pode ser consciente ou inconsciente –, teremos consequências saudáveis ou não.

Sentimentos ressecados e encharcados

Algumas pessoas são racionais (*yang*) ao extremo. Só conseguem entender a vida por meio de números, estatísticas, explicações lógicas e científicas. Para essas pessoas, nada passa pela função do sentimento. Na realidade, elas fazem questão de isolar tudo que é subjetivo e tudo que envolve a emoção. Acreditam que somente assim as decisões serão "objetivas" e "incontaminadas".

Havia uma pessoa que tinha essas características. Profissional da área de exatas, era muito competente em seu campo e de uma racionalidade espantosa. Conta-se que ele não tinha o menor contato com seus sentimentos e suas sensações. Não sabia direito, por exemplo, quando estava frio ou calor. Às vezes, ao sair para o trabalho pela manhã, ficava em dúvida se devia usar agasalho ou não. Antes de se vestir, ele observava as dez primeiras pessoas que passavam debaixo da janela de seu apartamento. Se sete ou oito pessoas usassem blusa, ele concluía que estava frio e se agasalhava.

Depois de certo tempo de convívio, a esposa se cansou do excesso de racionalidade do marido, dos seus infindáveis argumentos científicos, da sua falta de sensibilidade, e resolveu se separar. Ele ficou abalado. Não conseguia entender o que tinha acontecido, não achava nenhuma explicação lógica para que a esposa o abandonasse. Ele queria entender a situação. A esposa dizia que ele não tinha sentimentos, que ele não sabia gostar das pessoas, que ele era frio, impessoal, insensível. Ele ouvia tudo aquilo, mas não conseguia dimensionar o significado do que ela dizia.

Logo depois da separação, quando encontrava algum amigo comum ao casal, ele perguntava: "Você acha que eu amava minha esposa?" A pessoa ficava perplexa com a pergunta tão inusitada e respondia sem saber exatamente o que dizer: "Bom...

é... eu acho que você amava sua esposa, sim..." Mal a pessoa respondia, ele lançava outra pergunta não menos estranha: "Mas em que porcentagem você acha que eu amava minha esposa: 30%, 50%, 80%? Quanto?"
Maluco, não?

Uma pessoa assim vive o aspecto *yang* de maneira extremada e esse desequilíbrio pode provocar problemas de convívio familiar, social e profissional. Também pode gerar uma sensação de vazio e de infelicidade por não vivenciar os sentimentos, as emoções, as sensações físicas, a troca de calor humano. Se fizermos um paralelo com o símbolo taoista, essa situação corresponde à área clara e luminosa do círculo (*yang*), mas sem o ponto preto (*yin*). Comparado com o que acontece na Natureza, seria como um dia de sol intenso (*yang*) em que não existe nenhuma sombra (*yin*), ou seja, um deserto árido e sem nenhuma vida. Num ambiente assim, tão seco, até os sentimentos ficam ressecados. Se essa pessoa trabalhar os aspectos *yin* em sua personalidade (a sensibilidade, os sentimentos), sua vida árida não vai se transformar numa floresta tropical de uma hora para outra, mas pelo menos pode-se desenvolver um oásis de sentimentos onde ele e as pessoas à sua volta possam se refrescar da secura do seu deserto emocional.

O lado feminino dessa situação seria uma personalidade exageradamente emotiva que se desmancha feito água por qualquer coisa. Seria uma mulher que se deixa levar por sentimentos incontroláveis feito um *tsunami*, que inunda e arrasta tudo que encontra pela frente. A hipersensibilidade afoga a razão e a percepção clara das coisas. Com essa emotividade toda, os sentimentos acabam encharcados. Tudo se liquefaz, fica disforme, escuro. Se usarmos uma imagem da Natureza, seria como o mar aberto numa noite sem Lua e sem estrelas. No símbolo taoista, seria a área preta do círculo (noite) sem o ponto branco (Lua e estrelas). Uma mulher assim, perdida no mar das emoções, precisa de terra onde possa se apoiar. Quando uma mulher extremamente emotiva trabalha os aspectos *yang* (a racionalidade, a firmeza), ela não se transforma num continente, mas pelo menos consegue criar uma ilha no meio do oceano onde ela e as outras pessoas podem se sentir confortáveis.

Em direção ao contrário

O preto e o branco do símbolo taoista se interagem para formar um círculo. No Taoismo, o círculo é a representação da unidade, do todo. Isso significa que as 24 horas do dia formam um ciclo único e completo em que metade do ciclo é de claridade e outra metade é de escuridão. A ponta fina da área branca é o momento em que o dia começa e a parte mais larga do branco corresponde ao meio-dia, quando o Sol está a pino e marca o momento mais claro do dia. De modo similar, a ponta fina da área escura é o começo da noite e a parte preta mais larga corresponde à meia-noite, quando o Sol está escondido do outro lado do planeta e a escuridão atinge o auge.

No pensamento oriental, *a noite começa ao meio-dia*, quando o Sol atinge seu ponto máximo e começa a declinar. Do mesmo modo, *o dia começa à meia-noite*, quando o lado mais escuro da Terra começa se direcionar para a luz do Sol. Esse fato demonstra que *tudo que atinge o auge começa a se transformar no seu contrário*, e, assim, do dia surge a noite e da noite surge o dia. Na Natureza, tudo vai em direção ao seu contrário.

Jung também fala dessa tendência natural nos processos psíquicos e, quando se refere a ela, utiliza o termo *enantiodromia*, que significa "corrida em direção ao contrário". Em grego, *enantio* quer dizer "oposto", "contrário", e *dromia* significa "circuito", "corrida". Segundo o psiquiatra, os conteúdos inconscientes querem vir para a consciência, daí a manifestação dos sonhos. E, por sua vez, nossa consciência precisa entrar em contato com os conteúdos inconscientes para atingirmos a *totalidade da psique*, por isso sempre nos apaixonamos por pessoas que representam funções psíquicas ainda não elaboradas em nosso interior. Tudo que não é percebido conscientemente é projetado na outra pessoa. Quando desejamos a outra pessoa, na verdade desejamos a qualidade que precisamos desenvolver em nós mesmos e está inconsciente.

Na Natureza, toda transformação começa a acontecer no momento que algo vai além do limite, quando se atinge o ponto máximo. Por exemplo, quando as funções da consciência e do ego de uma pessoa começam a passar do limite do saudável, como numa racionalidade excessiva, o inconsciente acaba se manifestando. De repente, ela pode sofrer uma paixão incontrolável por uma pessoa extremamente emotiva, que corresponderia ao seu lado inconsciente não trabalhado. O inconsciente vai para o consciente, e o consciente vai para o inconsciente.

Com base nesse princípio, Lao-Tsé escreveu: "Para contrair algo, é preciso expandi-lo; para enfraquecer algo, é preciso fortalecê-lo; para diminuir algo, é preciso aumentá-lo". Quando algo chega no seu máximo, o movimento seguinte será a reversão, o contrário. Para Lao-Tsé, a vida é um paradoxo. Ele diz: "O que pode tornar os mares tão grandes é saber situar-se embaixo" e "Para estar acima dos homens, o sábio coloca suas palavras abaixo das deles; para estar à frente dos homens, o sábio coloca-se atrás deles". O sábio é aquele que reconhece o movimento natural em direção ao contrário e sabe como fazer uso criativo desse processo.

Constatamos esse princípio em várias situações. Na homeopatia, por exemplo, recomenda-se que não se ingira antitérmicos durante a febre. Até determinada temperatura, se não causar delírios ou problemas maiores, o estado febril é considerado uma reação natural de defesa do organismo. Os homeopatas acreditam que é melhor que a febre atinja seu ponto máximo para que o calor cumpra sua função e a situação se reverta por si só.

A atitude paradoxal também pode ser aplicada na vida afetiva. É comum ouvirmos uma pessoa reclamar que seu parceiro ou parceira é uma pessoa ciumenta, controladora. Por exemplo, uma mulher se queixa que seu namorado vive pedindo satisfações, liga para saber se ela está mesmo em casa à noite como disse que estaria, não deixa sair com amigos homens e coisas do gênero. O rapaz faz tudo isso por insegurança, por medo de perder sua parceira, para prender a pessoa a seu lado. Até usa o velho chavão "quem ama cuida" para justificar seus zelos. Mas essa não é a melhor forma de manter a outra pessoa próxima. Se a namorada se sente presa e controlada, com certeza vai querer se sentir livre. Vai se aborrecer e um dia vai se rebelar. Quanto mais o namorado prender por medo de perder, mais ela vai querer ser livre, e mais próximo ele estará da perda. Seguindo o princípio oriental, poderíamos dizer que "a melhor forma de prender é deixar livre". Assim, a outra pessoa vai ficar ao nosso lado por livre e espontânea vontade, e não porque está sendo vigiada ou forçada.

O movimento pendular

O dia e a noite são equilibrados. Cada fase tem seu movimento e decorre no tempo próprio. Assim, tudo funciona em harmonia. A Natureza tende ao equilíbrio.

Se estivermos atentos aos processos interiores, conseguiremos reconhecer nossos pontos de desequilíbrio. Acidentes, sonhos, coincidências significativas, paixões arrebatadoras, estados de depressão, dificuldades de relacionamento, estresse, euforia exagerada, sentimentos súbitos de irritação ou raiva por alguma pessoa podem ser sinais de algo que não estamos percebendo.

Quando estamos num estado de profundo desequilíbrio e não nos damos ao trabalho de fazer uma autoanálise (ou uma psicoterapia), a vida parece um pêndulo paralisado num extremo. Mas, sem aviso prévio, o pêndulo pode se desprender e aí somos jogados para o lado oposto, para o lado que estávamos evitando – e de que precisávamos para nos equilibrar.

Para os sábios chineses, o equilíbrio é viver um pouco de cada aspecto da vida, assim como existem o dia (aspecto da claridade) e a noite (aspecto da escuridão). Se estivermos polarizados demais apenas num aspecto, o inconsciente acaba nos atirando para o polo contrário. Por isso é comum uma pessoa que sai de uma relação muito complicada (ou muito morna) se apaixonar por alguém que tenha as características opostas do relacionamento anterior. Só que, muitas vezes, a pessoa entra numa nova situação complicada, mas pelos motivos contrários aos anteriores. Embora a própria pessoa não perceba esse movimento, é um fato muito natural e evidente. Essa alternância tende a se repetir muitas vezes até a pessoa tomar consciência dos seus processos interiores nas relações afetivas e aprender a trabalhar as próprias carências e limitações.

Pensando nos termos da física, o equilíbrio só é possível com algo que tenha o mesmo peso do elemento que causa o desequilíbrio. Só se equilibram dois quilos de feijão colocando um peso de dois quilos no outro prato da balança. Transpondo esse fato para a vida, significa que, numa situação extremada de desequilíbrio, o inconsciente tenta equilibrar-se com outro desequilíbrio. E, claro, com isso, ficamos sobrecarregados. Nesse sentido, muitas doenças surgem para compensar algum desequilíbrio interior que não percebemos.

Quando conseguimos identificar os desequilíbrios e tratamos de corrigi-los, as coisas voltam a fluir em harmonia. Ter uma atitude consciente diante da vida, ou seja, estar atento aos nossos sentimentos e às nossas ações a cada momento, nos protege das posturas e das reações inconscientes extremadas. A falta de atenção faz que nossa vida entre num movimento intenso como um pêndulo acelerado. Assim, oscilamos de um extremo para outro numa frequência esgotante.

É comum acontecer esse movimento pendular extremado numa situação de rompimento de uma relação. Nessas circunstâncias, é normal a pessoa se sentir deprimida. É como se, de uma hora para outra, a vida da pessoa ficasse tenebrosa como uma noite que não termina, e sem a estrela da esperança para confortar. A pessoa só quer ficar no quarto e dormir para não pensar na vida. Isso é uma situação de *yin* extremo (a tristeza seria o *yin* moderado e a depressão é um estado *yin* exagerado). Mas pode ser que, de repente, aconteça alguma coisa qualquer que "levanta o astral" da pessoa. Diante desse novo estímulo, existe a tendência de a pessoa não só ficar alegre, mas até eufórica. De repente, a pessoa sente como se estivesse vivendo o dia mais radiante de toda sua vida, como nunca havia experimentado antes. É como se o brilho do dia fosse eterno e não houvesse nenhuma sombra pairando sobre a vida. A pessoa fica alucinada (possuída pela luz) e hiperativa. Essa situação também é um exagero (a alegria é um aspecto *yang* moderado e a euforia é um estado *yang* extremado). Mas, se em seguida acontece uma bobagem qualquer que a deixe chateada, essa pessoa cai em depressão de novo. Assim, ela vivencia picos bruscos de depressão e euforia numa instabilidade infernal.

Essa dinâmica de ser jogado de um polo para outro de forma extremada não é um movimento saudável. O movimento intenso de vaivém nos leva à exaustão. É como se a Natureza ficasse maluca e alternasse os períodos do dia e da noite uma dezena de vezes em 24 horas, e a gente acompanhasse esse ritmo. Não é natural. Contudo, sempre que uma pessoa está numa situação excepcional da vida, a instabilidade é um efeito bastante previsível. Como essa oscilação intensa significa um grande desgaste psicológico, isso pode exigir muita força interior e, em alguns casos, é recomendável ter um acompanhamento terapêutico.

Com o tempo, os sentimentos tendem a se estabilizar e o pêndulo entra num movimento oscilatório suave e harmonioso. Depois de tanta instabilidade, a pessoa pode voltar a viver os momentos de alegria e de tristeza de forma equilibrada. A vida volta a ter um ritmo sadio. O dia volta a ter sombras refrescantes e a noite volta a ter o brilho da Lua e das estrelas.

NÃO EXISTE SEPARAÇÃO ENTRE DIA E NOITE ～

As horas de claridade são para as atividades e a noite é para o repouso. Para nossa mente que está acostumada a classificar tudo, o dia é uma coisa e a noite é outra.

Em termos filosóficos, o "ser alguma coisa" tem o nome de *identidade*. A identidade de uma pessoa é aquilo que ela é. Assim, cada indivíduo tem sua identidade e ninguém tem a identidade de outra pessoa. Cada coisa tem sua identidade e nenhuma outra coisa tem a mesma identidade. De acordo com esse raciocínio, é lógico afirmar que o dia não é noite e a noite não é dia. Com isso, podemos dizer que existem duas identidades excludentes, daí afirmarmos que *ou* é dia *ou* é noite.

A identidade a partir do *ou...ou...* é a forma mais elementar de ver o mundo. Isso vale tanto para as identidades como o dia e a noite, como também para outros conceitos e realidades. Dessa forma, classificamos as coisas por exclusão, dizendo que ou é masculino ou é feminino, ou é certo ou é errado, ou é sagrado ou é profano, ou é bonito ou é feio, ou é bandido ou é mocinho, ou é coragem ou é covardia e assim por diante.

Existe uma necessidade prática e pedagógica nesse tipo de classificação. A vida diária, a educação e o controle social dependem dessa visão de mundo. A criança, por exemplo, precisa aprender a diferença entre ser cuidadoso ou ser bruto com seu colega de escola. Ou se é cuidadoso ou se é bruto. Ser cuidadoso é uma coisa, ser bruto é outra. Uma coisa é boa; outra, errada. Aplicamos as diferenciações em todas as situações diárias. Numa peixaria, por exemplo, encontramos camarões pequenos e camarões grandes, e cada produto tem seu preço. O camarão menor é mais barato e o camarão maior é mais caro. Tudo isso, pequeno/ grande, barato/caro, bruto/cuidadoso, certo/errado, se refere à identidade das coisas. Sem dúvida alguma, a vida fica mais fácil de entender quando as coisas são classificadas de maneira tão simples e direta.

O grande problema da visão de identidade é que, se for extrapolada para todos os assuntos, pode nos levar a fazer escolhas de apenas um dos aspectos da realidade como sendo o certo, o melhor, o absoluto, o verdadeiro. É fácil, de acordo com essa visão, polarizar todas as coisas da vida. Assim, o mundo acaba se dividindo não só em dia e noite, mas também em bandidos e mocinhos, algozes e vítimas, santas e prostitutas, sábios e tolos, até gerar todo tipo de preconceito contra os que não compartilham dos nossos conceitos e valores. Com divisões desse tipo, nasceram os conflitos entre católicos e protestantes, capitalistas e comunistas, árabes e judeus, reformistas e revolucionários, ecologistas e progressistas, heterossexuais e homossexuais, criacionistas e darwinianos. Conflitos banais como acontece entre jovens e velhos, "coçadores" e "puxa-sacos", eruditos e populares, bregas e chiques, também têm origem no princípio de identidade.

Quando há polarização, cada um dos lados se vê como o dono da verdade e exclui a verdade do outro. Com base nessa visão estreita, *ou* se está num time *ou* se está no outro. Se as pessoas não tiverem valores elevados que sejam unificadores, é inevitável que aconteçam gestos de intolerância, de intransigência, de agressões verbais e até físicas. Quem defende com unhas e dentes algum ponto de vista na realidade está afirmando coisas como: "Eu tenho razão, portanto você não tem razão", ou "Eu estou certo e você está errado". Com posturas desse tipo não há espaço para o diálogo e a integração.

Anos atrás, o presidente de uma superpotência dividiu o mundo unicamente em vítimas e terroristas e declarou que os outros países ou estavam com ele ou estavam com os terroristas. Não havia conversa. E, com argumentos assim, radicais e maniqueístas, bombardeou um país e invadiu outra nação, à revelia do que ponderava a comunidade internacional.

Além da hostilidade explícita, o mundo que polariza tudo também cria muitas frustrações entre aquelas pessoas que têm o infortúnio de estar do lado desfavorável dos pares de opostos – que, obviamente, é a maioria. Basta pensar nos charmosos e nos sem-charme, nos "vencedores" e "perdedores", bonitos e feios, magros e gordos, ricos e pobres, famosos e desconhecidos, cultos e incultos, cobiçados e ignorados. Os sem-charme, "perdedores", feios, gordos, pobres, anônimos, incultos, ignorados se sentem peixes fora da água, indesejados, inseguros, desmerecedores, frustrados. Essa visão de mundo de ser ou isso ou aquilo faz que a minoria "felizarda" se torne uma referência que oprime a maioria. O mundo que vê as coisas a partir da identidade só valoriza o perfeito, o luminoso, e despreza o imperfeito, o obscuro. Seria como só valorizar o dia e desprezar a noite. A visão de identidade tem a óptica da exclusão e isso pode ser perigoso psicológica e socialmente. A busca da perfeição desumaniza.

Clique no céu e pizzas

Há milênios, os taoistas afirmam que a polarização, a divisão e a exclusão são a causa dos conflitos, sofrimentos e frustrações. Para eles, o mundo não se divide em dia e noite pura e simplesmente. Nem acham que têm de fazer uma escolha entre o dia e a noite. Eles não veem o dia e a noite como coisas excludentes. Como não existe noite que seja 100% trevas nem dia que seja 100% luz, seria incoerente dizer que *ou* é dia *ou* é noite. Os sábios orientais não julgam, não defendem nem combatem nada. Do mesmo modo que não fazem escolha entre o dia e a noite, também não fariam escolhas entre católicos e protestantes, heterossexuais e homossexuais, santas e prostitutas ou quaisquer outras divisões que excluam seres humanos ou elementos da Natureza. A paz interior, segundo eles, está na integração dos opostos, na união dinâmica dos contrários, na transcendência da dualidade e dos conflitos. Enquanto uma pessoa tiver uma visão de identidade em que afirma que ou é isso ou é aquilo, ou é dia ou é noite, todas as coisas da vida permanecerão estanques, isoladas. E, pior, metade da realidade (*yin* ou *yang*) e das experiências de vida será abandonada ou mutilada.

O dia e a noite não constituem realidades isoladas que se anulam. Ao contrário, na Natureza, uma coisa gera outra. Assim, a noite gera o dia e o dia gera a noite. O que acontece é uma transformação, uma mudança suave, e não um processo de exclusão.

Mas tudo tem seu ritmo e seu tempo. A noite não se transforma em dia de um momento para outro. Não é como estar num quarto escuro e acender as luzes. Quando se está às escuras num cômodo, basta acionar o botão do interruptor: clique. Pronto, de repente, tudo fica claro. Passa-se da escuridão para a luz em frações de segundo. E basta outro clique para que o quarto volte às trevas.

Não existe um interruptor entre a noite e o dia. Quando se percebe, já é dia ou já é noite. Não ouvimos nenhum clique no céu para nos avisar que já ficou escuro ou claro. Não há nada que indique o instante exato em que o dia se transforma em noite. Com isso, os sábios chineses perceberam que não existe separação entre os opostos. Uma coisa se transforma na outra, uma coisa gera a outra num *continuum* sem divisões. São como as estações do ano em que as mudanças acontecem como o movimento suave de uma linha ondulada, e não como uma linha quebrada em ângulos bruscos que muda de direção de uma hora para outra.

Para os taoistas, não existe separação entre nada. Essa forma de pensar nos parece estranha porque estamos acostumados a separar as coisas. Por exemplo, na vida prática, concebemos cada número como uma coisa isolada. Pensamos no "zero" como um número e no "um" como outro número. Para nós, o zero e o um são números diferentes e excludentes: ou é um, ou é zero. Nas coisas cotidianas, isso é verdadeiro. Quando falamos que temos uma pizza inteira ou nenhuma pizza, isso faz uma grande diferença (ainda mais se estivermos com fome). No princípio, temos uma pizza inteira, isso corresponde ao número um. Se a pizza toda fosse comida, não sobraria pizza nenhuma e isso seria "zero pizza". Isso é lógico e simples.

Mas, agora, vamos para o campo da matemática. Quando analisamos as coisas em termos abstratos, não existe separação entre um número e outro. Uma pizza nunca se transforma em "zero pizza", ou, em outras palavras, uma pizza nunca termina. Se cortarmos a pizza na metade, teremos a seguinte fração: 1/2 pizza. Se cortarmos essa metade em outra metade, teremos 1/4 de pizza. Se dividirmos esse pedaço em dois, teremos 1/8 de pizza. Se continuarmos a divisão pela metade, vamos ter 1/16, depois 1/32, depois 1/64, depois 1/128, e assim por diante até o infinito. Nunca teremos "zero pizza". Matematicamente, não existe o momento exato em que uma pizza se transforma em pizza nenhuma. Tudo é uma continuidade sem divisões, sem limites definidos, assim como o dia é só uma continuação da noite.

Transição infinita

Já vimos que, no símbolo *yin-yang*, a ponta fina da área branca corresponde ao começo do dia e a ponta fina em preto corresponde ao início da noite. E, segundo os orientais, a noite começa ao meio-dia e o dia principia à meia-noite. Nesse caso, também temos uma continuidade infinita entre dia e noite e entre noite e dia. Meia-noite e meio-dia são conceitos práticos de tempo, mas não podemos nos esquecer de que cada segundo é composto de subdivisões como décimos, centésimos, milésimos, milionésimos, bilionésimos, trilhonésimos de segundo, numa sequência de microssegmentos que também se estende ao infinito. Em qual infinitesimal parte do tempo o dia vira noite, ou um sábado se transforma em domingo? Não é possível determinar em que exato instante as mudanças acontecem.

Visualmente, também podemos perceber a infinitude entre o dia e a noite, no símbolo chinês. Se ampliarmos as pontas finas do símbolo, não será possível ver com precisão quando começa a surgir o preto (noite) ou o branco (dia). Assim, quanto mais ampliarmos a ponta fina da área branca, mais precisão e nitidez terá essa ponta, repetindo e ampliando sua agudeza. Nas ampliações sucessivas, a ponta fina ficará cada vez mais fina, e nunca surgirá o "ponto zero" que possa indicar seu início. O "ponto zero" se perde no infinito tanto quanto os números e as subdivisões do tempo.

Os sábios chineses chegaram a uma conclusão fundamental: *o que separa uma coisa da outra é o infinito*. Isso equivale a dizer que não existe separação real entre as coisas, ou ainda que tudo é uma coisa só. Já vimos esse conceito de unicidade quando comentamos sobre a existência de uma única água no mundo e sobre o vazio que une todas as coisas.

Entre o dia e a noite, existe um período que se chama *transição*. A transição é infinita, assim como é infinito o número de frações entre uma pizza e pizza nenhuma.

Transição é a passagem ou o espaço entre uma situação e outra, é o trânsito entre dois fenômenos, entre dois conceitos. Entre o dia e a noite, entre o zero e o um, existe uma transição. Existe transição entre todos os pares de opostos da Natureza e também entre os conceitos criados pelo homem. Entre o dia e a noite, o certo e o errado, o quente e o frio, o masculino e o feminino, existem nuanças infindáveis.

Transição significa que se percebe o trânsito. É possível transitar de um conceito para outro. Quando temos consciência da transição, temos condições de ver as coisas de forma *relativa* e não de forma excludente como na visão de identidade. O bem e o mal, o certo e o errado passam a ser relativos e não absolutos e excludentes.

Numa visão elementar de identidade, não existe trânsito entre a noção de certo e errado. Assim, por exemplo, o roubo é categoricamente uma coisa errada e deve ser punido de forma severa. Em certos grupos radicais e fundamentalistas, a punição é violenta. Chega-se até a cortar a mão do infrator. Mas, quando se tem uma visão mais ampla, é possível relativizar o comportamento da pessoa que cometeu um erro. Num caso ilustrativo, uma pessoa foi flagrada quando roubava produtos num supermercado. Roubar é crime e deve haver uma punição. Mas, ao fazer a ocorrência na delegacia, constatou-se que a pessoa sempre foi honesta, estava desempregada havia muito tempo e, apesar de diversas tentativas, não conseguiu uma colocação. Sua esposa era inválida, seus filhos eram pequenos e passavam fome havia vários dias. Ao entrar no supermercado, o pai de família, desesperado, não conseguiu conter seu impulso de roubar comida para sua família. Nesse caso, o julgamento é feito de forma diferenciada. A justiça procura transitar entre o certo e o errado, entre a lei e a punição de forma flexível, mas sem deixar de lado a correção. Essa é uma visão de relatividade. Uma visão que permite perceber o comportamento humano com mais profundidade do que a visão fria e excludente de crime e virtude.

Transição, trânsito e transigência são elementos integrantes da *visão de relatividade*. Quando existe trânsito entre os conceitos, existem transigência, tolerância, acordos. A visão dualista de identidade, ao contrário, é intransigente e gera intolerância contra os diferentes, contra os opostos. Quando se percebe que existe transição entre todos os conceitos, assim como existe transição entre o dia e a noite, é possível chegar a um acordo entre os opostos. É possível condescender, tolerar as oposições de forma saudável e criativa. Conseguimos ter uma visão mais ampla das situações. Percebemos que a divisão em *ou...ou...* é insuficiente para lidar com as situações mais complexas e delicadas da vida. Perceber a transição é ser flexível, qualidade cara aos sábios orientais.

Da transigência ao paradoxo

O dia e a noite geram-se mutuamente com o aumento de um aspecto e a diminuição de outro aspecto. É uma matemática econômica elementar: quanto maior a escuridão, menor a claridade; quanto maior a claridade, menor a escuridão. Uma coisa está relacionada com a outra, e as mudanças representam trânsito entre um estado e outro. Por ser trânsito, existe transigência, existe uma composição natural por transação, por combinação. O dia não briga com a noite, a noite não briga com o dia. Existe um ajuste entre a claridade e a escuridão, e as mudanças acontecem sem conflitos, sem confrontos.

Como vimos, a transição do dia para a noite começa ao meio-dia e não no crepúsculo, e a transição da noite para o dia começa à meia-noite e não na madrugada. Crepúsculo e a aurora são os *momentos críticos* da transição, mas a claridade e a treva começam o "acordo" das mudanças quando a luz ou a escuridão atingem seu ponto máximo – à meia-noite ou ao meio-dia. Isso mostra que a transigência existe bem antes de a transição ser notada. O dia e a noite já se articulam antes da aurora e do crepúsculo. Transigência é um exercício que precede o conflito visível, precede o momento em que a transição atinge o ponto crítico. Sem transigência não há transição pacífica, não há acordos. Não há tolerância, respeito pela diversidade nem progresso nas relações humanas.

Fazendo um resumo do que foi dito até aqui, neste bloco, podemos dizer que, num primeiro momento, percebemos as coisas por meio da oposição "*ou* é dia *ou* é noite", mas depois percebemos que o dia e a noite são interligados por um período chamado transição. Se existe uma transição entre o dia e a noite, então o dia e a noite não estão separados, as coisas são relativas e a transigência é uma necessidade diante daquilo que parece ser excludente.

O fato de o dia e a noite não serem excludentes e não existir separação entre eles nos obriga a perceber que estamos falando de uma *unidade* e não de duas coisas separadas. Essa unidade é o dia de 24 horas que é formado pelos períodos diurno e noturno. Com isso, não tem sentido falarmos simplesmente em "*ou* é dia *ou* é noite", mas sim de um todo de 24 horas que é constituído de dia e noite. Os taoistas diriam que o período de 24 horas é dia e noite, assim como tudo é *yin* e *yang*.

Chegamos, agora, a uma nova abordagem da realidade, a *visão paradoxal*. Os sábios chineses não falam da divisão do "*ou* isto *ou* aquilo", mas sim da união, da inclusão e da totalidade com o conceito de "isto e aquilo". Para os taoistas, tudo é constituído por um aspecto acrescido do seu contrário. É por isso que a área branca do símbolo tem um ponto preto e a área preta tem um ponto branco.

Ao observar a Natureza, os antigos chineses perceberam que *uma coisa só é verdadeira e completa se contiver ou for também o seu contrário*. Em outras palavras, eles dizem que tudo contém e é *yin* e *yang* ao mesmo tempo. O período de 24 horas, no sentido global, é uma realidade completa por ser dia e noite ao mesmo tempo. Parece complicado, mas é bem simples. Se olharmos de maneira limitada, é fácil dizer que agora, neste local, é dia ou é noite. Mas o agora é, na realidade, dia e noite ao mesmo tempo. Não só porque durante o dia existem sombras (aspectos da noite) ou porque a noite tem estrelas e Lua (aspectos da luz), mas principalmente porque estamos no planeta Terra e, neste exato momento, num lado do mundo é dia e no outro lado é noite. Se pensarmos de forma estreita (só no aqui ou só no agora), vamos dizer que ou é dia ou é noite. Se pensarmos na realidade de maneira global, se pensarmos no todo, tudo se torna paradoxal. Percebemos que tudo é formado pelos opostos ao mesmo tempo. Pensar só no aqui é pensar só no espaço imediato, na metade que enxergamos. Pensar só no aqui é esquecer o outro lado da realidade, a outra metade que não somos capazes de ver – mas que é real e existe.

A realidade é composta de tempo-espaço e não só de tempo ou só de espaço. O tempo é *yang* e o espaço é *yin*. Seria irracional dizer que uma pessoa ou está no tempo ou está no espaço. A pessoa está no tempo e no espaço. Sempre. Tudo está no tempo e no espaço. Um aspecto complementa o outro. É a combinação tempo-espaço que faz que o planeta tenha dia e noite. Agora (tempo) é noite em algum lugar da Terra (espaço), ou ainda em certo lugar (espaço) é dia neste momento (tempo), e essa realidade se alterna continuamente. Essa é a realidade. Assim é a totalidade. É isso o que representa o milenar símbolo chinês. Olhar de forma global é não excluir nada, é integrar os opostos, é procurar sair de uma visão estreita e limitada da realidade e abraçar o todo. Ter visão paradoxal é transitar, é não separar, é ver de forma abrangente, é interagir com os opostos de forma harmoniosa.

O velho e o cavalo

O dia e a noite são estados de mutação. O planeta está em rotação, em trânsito, em mutação, gerando o dia e a noite numa alternância eterna. *Tudo é transição*. E, se tudo é transição, não existem opostos absolutos, estanques, que nunca mudam, que se excluam. Não existe separação entre nenhum par de opostos. Segundo o pensamento oriental, dia e noite são realidades contínuas. *Na Natureza, tudo é contínuo*. As margens direita e esquerda do rio são contínuas (por baixo da água as margens são unidas pela terra do leito). A frente e o verso do papel são contínuos. Tempo e espaço são aspectos contínuos. E, se as coisas são contínuas, não são separadas. E, se não são separadas, são uma coisa só. Com isso, os sábios concluíram que os opostos não são realidades isoladas, absolutas. O que entendemos como opostos são apenas *conceitos* e *atributos*. Assim, *yin* e *yang* são conceitos; direito e esquerdo são conceitos; dia e noite são conceitos; bom e ruim são conceitos.

Os conceitos, assim como os opostos, são complementares, são contínuos e constituem uma única realidade. Os sábios dizem que bom e ruim são contínuos, são uma coisa só. Tudo é bom e ruim ao mesmo tempo, assim como dia e noite são realidades simultâneas, quando vistos de forma global.

Uma antiga história ilustra o conceito de que tudo é bom e ruim ao mesmo tempo. Certa vez, um velho sábio perdeu seu cavalo. Quando souberam disso, os amigos da redondeza foram visitá-lo e disseram: "Puxa, que coisa ruim, não? Você perdeu seu cavalo". O velho sorriu e respondeu: "É, perder o cavalo é uma coisa ruim, mas pode ser uma coisa boa". Os vizinhos ficaram surpresos com a resposta e, por dentro, pensaram: "Como assim? Ele acaba de perder o cavalo e diz que é uma coisa boa?" Sem entender nada, concluíram: "Ele deve ter perdido o juízo".

Passado um tempo, seu cavalo retornou e veio acompanhado de um cavalo selvagem que encontrou pelo caminho. Ao saberem do fato, os amigos foram ao encontro do velho e disseram felizes: "Olha só que coisa boa! Agora você tem dois cavalos!" E o velho disse: "Sim, é uma coisa boa, mas também é uma coisa ruim". Os vizinhos acharam o velho esquisito. Ele tinha dois cavalos e, mesmo assim, considerava que era uma coisa ruim! "Que sujeito estranho!"

Um dia, o filho do velho quis domar o cavalo selvagem. Mas, como o animal era xucro, o rapaz foi derrubado da sela e quebrou a perna. Solidários, os vizinhos foram consolar o velho: "Que lástima! Coisas ruins acontecem, né?" Mas o pai do rapaz estava tranquilo e disse: "Isso é ruim, mas também é uma coisa boa". Os vizinhos se entreolharam com surpresa. Seu filho quebra a perna e ele diz que é uma coisa boa? "Que falta de sensibilidade!", pensaram.

Naquela época, o país estava em conflito com o território vizinho e, de repente, estoura uma guerra. Com isso, todos os jovens da aldeia foram convocados para a frente de batalha, exceto os que fossem deficientes ou estivessem feridos. O filho do velho, que estava com a perna quebrada, foi dispensado. Os amigos do velho foram felicitá-lo: "Seu filho não foi para a guerra! Que sorte!" E o velho, como das outras vezes, respondeu: "Sim, isso é bom, mas também é uma coisa ruim".

Essa história não tem fim.

O velho dessa história era um sábio. Perder o cavalo, para ele, era uma coisa neutra. Era só um fato. Perder um cavalo era só perder um cavalo. Perder era só perder. Não era uma coisa ruim nem uma coisa boa, ou, ainda, era uma coisa ruim e boa ao mesmo tempo, tanto faz. Ter dois cavalos também lhe era uma coisa neutra, era bom e ruim ao mesmo tempo. O filho quebrar a perna, igualmente, era apenas um fato neutro. Cada fato que se sucedia era causa e efeito de alguma outra coisa. Para o velho, causa e efeito eram iguais. Um mesmo fato era efeito de alguma coisa e era causa de alguma outra coisa. Ele sabia que os conceitos opostos como dia e noite, bom e ruim, causa e efeito são a mesma coisa e ao mesmo tempo. Ele sabia ver de forma mais ampla, global. Ele tinha a visão paradoxal da vida.

Visão tridimensional

Contemplar o céu e meditar sobre seu contínuo movimento permite reflexões profundas. Leva-nos à percepção de que não existe separação entre o dia e a noite, e a uma visão dos contrários que se integram numa única realidade. Quem tem uma visão paradoxal da vida enxerga os dois lados da moeda, está atento aos opostos complementares, não julga, não se apega às coisas (consideradas) boas ou às coisas (consideradas) ruins. Não escolhe nenhum aspecto com exclusividade. Quem vivencia o paradoxo como uma verdade interior não exclui nada e ninguém, é tolerante com todos os fatos, não importa de que natureza sejam. Sabe transitar de um conceito para outro, é transigente com os outros e consigo mesmo. Não confronta ninguém que pensa de modo diferente dele.

A ilustração a seguir mostra uma situação em que esses conceitos ficam claros.

Os lados direito e esquerdo são relativos. O que está à direita de uma pessoa está à esquerda de outra. Numa visão abrangente, tudo está à direita e à esquerda ao mesmo tempo.

Se o homem disser que a caixa está do lado esquerdo e o vaso está do lado direito, ele tem razão. Ele pode defender isso com unhas e dentes porque é verdade. Mas acontece que isso só vale para ele, não vale para o ponto de vista da mulher. Para ela, a caixa está é do lado direito e é o vaso que está do lado esquerdo. Cada um deles pode brigar pelo que defende e ambos estarão dizendo a verdade e terão razão. Isso indica que o fato de ele ter razão e estar dizendo a verdade não significa que ela não tenha razão e não esteja dizendo a verdade. E vice-versa. Uma coisa não exclui a outra. O fato é que a caixa está "ali", não importa se esse "ali" se chama direito ou esquerdo, e o vaso está "ali" e também não importa se esse "ali" se chama direito ou esquerdo. "Ali" é "ali", só isso, não é direito nem esquerdo, ou ainda é direito e esquerdo ao mesmo tempo. Se tivermos capacidade de ver uma situação pelo outro lado, perceberemos que tudo muda de figura e que a outra pessoa também tem razão e diz a verdade. E, no entanto, ainda que a percepção mude, a caixa e o vaso estarão exatamente no mesmo lugar de antes, estarão "ali" como sempre estiveram, e continuará não importando se o "ali" seja chamado de direito ou de esquerdo.

Se o casal brigar porque cada um diz que a caixa está do lado direito ou esquerdo, estarão brigando por nada, estarão brigando apenas pelo *conceito* de direito ou esquerdo. A discussão estará girando em torno de definições pessoais e não sobre a realidade em si. A caixa está simplesmente "ali", no lado direito e esquerdo ao mesmo tempo.

A visão abrangente da realidade é fundamental para que evitemos defender somente uma parte da verdade, para não cairmos em divisões, em facções, em visões unilaterais, em hostilidades por simples questão de pontos de vista. Ver de modo abrangente é ver em perspectiva maior, de forma tridimensional. Dizer *ou* é direito *ou* é esquerdo é enxergar apenas a polaridade, a divisão em duas dimensões. Ter uma visão paradoxal é enxergar em profundidade, num ângulo global, é sair do lugar, é passear em torno da realidade. É não se fixar no mesmo lugar, no mesmo conceito, no ponto de vista limitado. É dizer que tudo está do lado direito e esquerdo ao mesmo tempo.

Na Terra, é dia e noite ao mesmo tempo. O vaso da gravura está no lado direito e esquerdo ao mesmo tempo. Quando se tem uma visão ampla, tudo é certo e errado, bom e ruim ao mesmo tempo. Quem tem uma visão abrangente não diz frases categóricas como: "Eu estou certo, você está errado", nem "Eu tenho razão, portanto você não tem razão" porque sabe que uma coisa não exclui a outra. Essa postura flexível de não excluir nada torna a pessoa capaz de pensar e dizer coisas como: "O fato de eu ter razão não quer dizer que você não tenha razão". Ou: "O fato de você ter razão não significa que eu não tenha razão". Ou ainda: "Você tem razão, eu tenho razão, brigar por isso é bobagem. Nós estamos discutindo apenas conceitos". Quem desenvolve a visão do paradoxo não vê o mundo por meio da dualidade ou como milhões de coisas separadas e sem sentido. O sábio harmoniza os conflitos interiores e se sente ligado ao todo, a uma lógica e a uma sabedoria que transcende a própria pessoa. Por isso, está sempre em paz consigo mesmo e com o mundo.

Para os taoistas, os fatos são apenas fatos. Não são coisas boas ou ruins. Eles não julgam nada, não julgam ninguém e nenhuma situação. Não atribuem o valor de bom ou ruim como algo definitivo e indiscutível. Eles sabem que bom ou ruim, certo ou errado são apenas conceitos e não a verdade absoluta. Por isso, para os sábios não existem atitudes certas ou erradas. Existem atitudes. Não existem escolhas certas ou erradas. Existem escolhas. No máximo, existem intenções de conteúdos egoicos ou não egoicos que darão suas inevitáveis consequências. Julgar as coisas como certas ou erradas é uma questão de conceito, de ponto de vista, de perspectiva, de olhar a partir de um lado ou de outro. Assim, não é possível dizer que, numa situação de conflito entre duas pessoas, somente uma delas tenha razão ou que somente uma das pessoas está errada. Precisamos ver o contexto geral. E, claro, temos de tomar cuidado para não ver apenas o contexto de uma ou outra pessoa, porque isso também é uma visão parcial. No contexto geral, as duas pessoas estão certas ou as duas pessoas estão erradas, ou ainda as duas pessoas estão certas e erradas ao mesmo tempo. A visão paradoxal elimina a agressividade maniqueísta, neutraliza a polarização, promove a tolerância, nos faz ter respeito pelo ponto de vista do outro.

No entanto, quando a visão paradoxal da vida não é vivida com sabedoria e como uma verdade interior, existe o perigo de fazer uso do conceito de que "não existem o certo e o errado" ou de que "certo e errado é a mesma coisa" para justificar atitudes de má-fé ou até mesmo crimes violentos. O impactante filme *Assassinos por natureza*, do diretor Oliver Stone, por exemplo, mostra o risco do mau uso desse ponto de vista. No filme, os protagonistas matam pessoas apoiados no argumento da relatividade do que é certo e errado.

A visão paradoxal só é possível e verdadeira quando existe uma postura essencialmente humanista. Se não existirem valores humanos elevados como ética e compaixão, a visão paradoxal será apenas uma ideia ou uma justificativa, e não uma verdade interior. Qualquer pensamento que não esteja alicerçado na ética, no humanismo e na compaixão não pode ser considerado sabedoria.

A NOITE É A REALIDADE DO UNIVERSO

Durante o dia, o Sol ilumina a superfície do planeta e dá a cor azul à atmosfera. O céu claro, as nuvens e o Sol nos dão a sensação de alegria, de segurança. A noite, porém, sempre representou perigo para a espécie humana e seus ancestrais. Até a conquista do fogo, os homens das cavernas temiam a escuridão, sentiam-se desprotegidos sem a luz do dia. Por isso, o medo da noite, do que não se vê e do desconhecido é primordial.

Apesar da sensação de segurança que o dia transmite, tudo é uma aparência. O céu não é claro nem azul. É a luz do Sol que incide sobre a camada de gases do planeta e dá o aspecto azulado e brilhante que percebemos durante o dia. Mas, à noite, vemos como o universo é de fato. Sem a luz do Sol, tudo volta à escuridão, o céu fica transparente e enxergamos a Via Láctea. As estrelas não aparecem à noite nem desaparecem quando chega o dia. Elas estão sempre lá. É a massa de ar do planeta que fica "opaca" com a incidência da luz do Sol e bloqueia a visão das estrelas durante as horas claras.

Quando um astronauta sai da atmosfera terrestre, a imagem que ele tem do espaço é praticamente igual à que nós vemos aqui na Terra durante a noite. O espaço é negro, vazio, silencioso, frio.

Em 20 de julho de 1969, quando o homem colocou os pés na Lua, a humanidade assistiu a uma das mais empolgantes conquistas da Ciência. Foi um momento de euforia e o ser humano se sentiu o senhor do mundo. Mas, ao mesmo tempo, o homem teve oportunidade de refletir sobre sua pequenez diante da imensidão do universo. Por volta dessa época, o grupo musical brasileiro *Secos & Molhados* entoou a canção *Flores astrais* em que o verso "o verme passeia na lua-cheia" dava a verdadeira dimensão do homem diante da sua presunção.

Mas o fato é que o infinito do espaço e o grande vazio do universo sempre despertam sentimentos profundos: encantamento, solidão, vertigem, insignificância, medo. E também nos conscientizam da realidade finita do homem, tanto em relação à espécie como individualmente.

O espaço sideral é um grande vazio. A Terra está no meio

do vácuo. Tudo é muito distante, a Lua, os planetas, as estrelas. Excetuando o Sol, que é o centro do nosso sistema, a estrela mais próxima da Terra se chama *Próxima Centauri* e está a 4,3 anos-luz de distância. Isso quer dizer que a luz toma mais de quatro anos para percorrer a distância que separa a Terra dessa estrela. Em medidas astronômicas isso é pouco, mas é uma distância inconcebível em escala humana. Para ter uma ideia, até o ano de 2005, a nave espacial mais veloz criada pela Agência Espacial Europeia (ESA) era capaz de viajar a 7,6 quilômetros por segundo, ou seja, 27.360 quilômetros por hora. Com essa espantosa velocidade o homem levaria 170 mil anos para atingir a *Próxima Centauri*! Se não furar nenhum pneu, claro...

Se algum astronauta conseguisse viver tanto, ele não depararia com nenhum corpo celeste pelo caminho durante todos esses milênios de viagem pelo espaço. Toda a viagem seria nas trevas e de vez em quando, se tivesse sorte bem no comecinho da viagem, ele poderia avistar a distância um ou outro planeta. Mas, depois que saísse do sistema solar, todo o resto de sua jornada seguiria sem outras atrações porque entre o nosso sistema e a estrela *Próxima Centauri* só existem a escuridão, o vazio, o silêncio.

A escuridão é a realidade do universo. Tudo "flutua" na escuridão do espaço. O que existe é uma infinita treva com alguns pontos salpicados de luz que são as estrelas.

O universo é uma grande noite. Uma noite eterna. É na escuridão e no vazio que, no decorrer de infinitas eras, surgem e desaparecem todos os corpos celestes. A escuridão é o todo, é o que predomina. Não se cria a escuridão, ela existe em si, como útero das estrelas e da existência. Só a luz pode ser criada; a escuridão, não. É o universo escuro que gera os corpos celestes, não são os corpos celestes que geram a escuridão. A noite – a escuridão – é o estado natural das coisas, é o estado primordial, é a base, é o lugar onde as coisas nascem e ao qual retornam.

A claridade do dia é apenas um estado momentâneo da atmosfera terrestre, mas a escuridão do universo é um estado permanente. Ou seja, a luz é transitória e só se pode voltar para aquilo que é permanente. Só se pode voltar para o estado natural da escuridão.

Um olhar positivo sobre a escuridão

Quando fechamos as portas e janelas de um quarto, tudo fica escuro. Escuro como o espaço sideral. É a volta à escuridão. Se acendemos uma lâmpada num quarto escuro, criamos uma claridade artificial. O contrário não é possível. Não existe uma lâmpada artificial que crie a escuridão, ou que "descrie" a luz. Não é possível "apagar" a claridade de um cômodo iluminado pela luz do dia, só podemos impedir a luz de penetrar no quarto. Se pegarmos um "pedaço" da escuridão do universo e o colocarmos numa caixa de sapato, dentro da caixa existirá escuridão. Isso é óbvio. E, se pegarmos um "pedaço" da claridade do dia e o fecharmos numa caixa de sapato, dentro da caixa não existirá claridade, ao contrário, também teremos escuridão. Nos dois casos, obtemos uma única realidade (ou a realidade única): a escuridão.

A noite mostra que é importante vermos a realidade em profundidade, como um todo, em essência, e não apenas a parte da realidade que é ilusória. O dia, com sua claridade, não é o todo. O dia é uma ilusão, uma cortina, um estado momentâneo. Tem sua beleza e sua função, com certeza, mas não é tudo. A noite e a escuridão são a verdade básica. É o que existe em essência, é a condição natural. Isso mostra que podemos nos iludir com o dia, com as coisas do dia, com as coisas diárias, do dia a dia. Iludimo-nos com as atividades, com a racionalidade, com as coisas imediatas e rasas. Significa que as coisas essenciais estão na escuridão, na noite, no silêncio. As coisas eternas estão escondidas, longe da luz, longe dos holofotes, atrás das cortinas, atrás do brilho, e são infinitas e profundas como o universo.

Na Terra, a luz do dia bloqueia a visão das estrelas, ou seja, as coisas aparentes bloqueiam a visão da essência, das coisas universais. Não se trata de valorizar a escuridão em detrimento da luz. Trata-se de ter consciência de que o que se vê não é a realidade total e de que existem coisas mais profundas que ficam além do que se vê normalmente de dia e no dia a dia.

Pensar que a escuridão é o estado primordial da Natureza pode ser decepcionante. Pode nos dar a sensação de desamparo, de morte, de estar perdido no nada. Para os sábios orientais, não é assim. Como eles entendem que é na escuridão que todas as coisas surgem, que o universo é fruto dela, que tudo vem da escuridão e volta para ela, então eles olham o vazio e a escuridão de modo positivo. Eles reverenciam a escuridão e o vazio como a Grande Mãe do universo. Como aquela que nos gera, que nos presenteia com as galáxias, as estrelas, o planeta Terra, os oceanos, as montanhas, os animais, as flores, as crianças, o coração humano, os sentimentos, a poesia. A escuridão nos dá tudo, nos dá a essência. Os mestres orientais sentem-se protegidos e acolhidos pela escuridão, pelo vazio. Com a contemplação e a reverência à escuridão, eles sentem-se unidos ao todo, ao universo, à mãe de todas as coisas, ao útero cósmico, à casa que retornarão quando deixarem esta vida.

Quando está diante das coisas visíveis do dia, o sábio sabe que além das aparências existe a escuridão, a essência invisível. Sabe que por trás do céu azul do dia existe o grande universo repleto de estrelas. Sabe que ele mesmo faz parte do todo e tudo que tem de fazer é seguir o caminho natural, é confiar no movimento do universo, é sentir-se grato por existir e reverenciar a escuridão. Ele aceita a noite como a verdade básica, como o estado natural. Mas não pensa em si como a escuridão, mas como uma estrela, uma criação da escuridão, uma criatura que existe no universo e um dia retornará àquilo que dá origem ao próprio universo. Como um filho que volta pra casa e é acolhido por uma Mãe Infinita.

Cada pessoa é uma criação da escuridão, como uma estrela do universo. Nós existimos no todo, mas estamos isolados no espaço e no tempo. Toda estrela é solitária. Cada um de nós está sozinho no universo, cada um de nós é solitário. Ninguém pensa e sente exatamente como nós. Apesar disso, o sábio não se sente abandonado, separado. Ele sabe que cada estrela é única e que cada um de nós é mais do que solitário: é único. Sabe que a solidão, tanto quanto a escuridão, é a condição primordial. O sábio não se sente isolado porque se vê unido à escuridão, se vê unido à solidão, ao todo. Vê-se como um ser único, individual e impossível de ser repetido.

A diferença iguala, a solidão une

É impossível que duas estrelas ocupem o mesmo espaço ao mesmo tempo. Cada estrela tem seu tempo-espaço dentro da escuridão. Cada estrela e cada pessoa existem isoladamente. Para ser estrela precisamos aceitar a escuridão e a solidão como uma realidade. Precisamos ter consciência de que somos únicos. Nenhuma estrela quer ser aquilo que outro astro diz que ela tem de ser. Ela é o que é. Única. Mas a estrela, assim como o sábio, não se sente isolada. Ao contrário, sente-se unida pelo que é essencial, pela noite, pela escuridão, pela solidão que é comum a todas as estrelas e todas as pessoas.

Cada estrela é única e solitária. Cada ser humano é único e solitário. Esse é o traço comum a toda humanidade. Cada estrela é diferente da outra. Cada pessoa é diferente da outra. O que torna todas as pessoas iguais é o fato de sermos todos diferentes. É um paradoxo. A diferença iguala, a solidão une. Isso cria um sentimento de solidariedade entre todas as pessoas, de compartilhamento. Ou seja, mais uma vez, chegamos ao sentimento de compaixão, no sentido taoista. A compaixão desfaz as diferenças, dissolve a ideia de separação. Assim como as estrelas são unidas pela escuridão, os seres humanos são unidos pela solidão. A escuridão é compartilhada pelas estrelas e a solidão é compartilhada pelos seres humanos. E ambas as coisas, a escuridão e a solidão, são condições naturais.

Quando não existe o céu azul, é possível ver as estrelas. Quando não existem as ilusões das aparências, é possível ver a essência. Poucas pessoas se lembram de que por trás do céu claro existe a escuridão essencial. Durante o dia, nossa preocupação é com as coisas práticas, com as coisas urgentes. Ficamos tão envolvidos com as pessoas à nossa volta que não temos tempo de perceber a nossa solidão e a solidão de todas as pessoas do mundo.

A maior parte das atividades e dos pensamentos diários é para nos esquecermos da escuridão e da solidão. A escuridão e a solidão são verdades que nos apavoram porque, no fundo, nos faltam a profundidade e a consciência daquilo que os sábios chamam de essência.

A noite é associada à escuridão e a escuridão é associada ao não visível, ao desconhecido, ao mistério, à morte, ao abandono, à solidão. É até natural que as pessoas evitem essas realidades e prefiram se entregar às ilusões do dia claro. Assim, dedicamo-nos às relações sociais, às atividades profissionais, aos relacionamentos afetivos, às paixões, ao consumo, aos prazeres físicos. Para os sábios não existe nenhum mal em vivenciar essas coisas. Na realidade, eles acreditam que elas fazem parte de uma vida plena, e que nada deve ser excluído. Por isso mesmo, os mestres nos alertam que também não é saudável querer excluir a escuridão, as coisas que não são visíveis, as condições naturais da realidade que são básicas, primordiais e essenciais. Não é sensato fazer de conta que não existem escuridão, solidão, morte, e querer viver apenas as ilusões da vida. Isso seria como acreditar que só existe dia e não existe noite.

A consciência da existência da noite, da escuridão, da morte e da solidão é importante para fazer um contraponto à nossa vida diária, às coisas que fazemos durante o dia claro. Se quisermos (ou acharmos) que a realidade seja só dia, luz, atividade profissional, relações afetivas e prazeres, nossa existência se esvairá na necessidade de viver apenas os aspectos materiais da vida e perderemos a dimensão da interioridade e do que transcende o cotidiano. Quando nos voltamos para a essência, para a consciência de que a noite é a realidade do universo, que a escuridão e a solidão são as condições primordiais, que a morte é o nosso destino, então ganhamos uma nova perspectiva e um novo sentido para a vida. Ganhamos o universo, a dimensão do infinito, o encanto do transcendente, a compaixão pela humanidade e o sentimento de que somos todos um. E únicos.

ESTRELAS SÃO DIREÇÕES E NÃO METAS ∽

Em algumas localidades que têm rio, lago ou canal, é preciso fazer uso de embarcações para levar pessoas e veículos de um lugar a outro. Durante o dia, se o trajeto não for longo, o condutor do barco usa a referência visual para se orientar na travessia. Basta avistar a margem oposta e se dirigir para lá. Se a travessia for à noite, o condutor procura pelas lâmpadas que sinalizam o local onde deve desembarcar as pessoas e os carros. Quando as distâncias são curtas e se enxerga a margem oposta, é fácil conduzir o barco até o destino.

No mar também. Se o navegante tiver contato visual com a costa marítima, os acidentes geográficos servem de pontos de referência e ele pode se locomover em segurança, não importa quão distante esteja de casa. Para distâncias curtas, o contato visual com elementos conhecidos é suficiente para memorizar e reconhecer o caminho. Mas no meio do oceano, longe da costa, as coisas são muito diferentes. Quando só se vê água em torno e não há referências fixas, é impossível para uma pessoa sem preparo em navegação saber onde se encontra e em qual direção deve ir.

Nos primórdios da navegação marítima, antes da invenção da bússola, dos radares e do sistema de localização global por satélite, os navegantes só podiam se orientar por meio das estrelas. Para viajar a longas distâncias e sem contato visual com a costa, o único recurso era usar referências maiores e longínquas, como os astros.

Simbolicamente, isso nos mostra que, para os aspectos imediatos da vida, as referências próximas nos bastam, mas para coisas maiores, mais distantes e mais profundas, precisamos de referências que estejam além dos parâmetros humanos. Para a locomoção simples e curta durante a noite escura, bastam velas, tochas, lanternas, lâmpadas. Para viagens além das fronteiras das referências cotidianas, para o meio da imensidão, só podemos contar com a orientação da luz que fica fora do mundo imediato, da luz que fica além do horizonte. Precisamos das estrelas.

As estrelas ultrapassam os limites humanos em termos de tempo e de espaço. Elas são eternas e inconcebivelmente maiores do que o homem e a Terra. As estrelas estão infinitamente mais distantes do que a distância mínima necessária para avistar a costa em alto-mar. Alguns quilômetros de distância não significam nada para as estrelas que estão a anos-luz do nosso planeta. Por isso, para viagens para as profundezas da nossa interioridade, as coisas limitadas da vida terrena não servem para nos indicar o caminho. Precisamos de algo que transcenda nosso horizonte conhecido. Precisamos das estrelas e do que elas significam.

Tanto na viagem noturna pelo mar adentro quanto na viagem pelo aprofundamento do nosso mundo interior, a estrela representa a *direção*, o sentido em que se deve seguir. O entendimento de que a estrela representa direção é fundamental. Mais do que isso. Temos de ter consciência de que direção é direção, *direção não é meta*. Direção não é ponto de chegada, não é o destino final. Um navegante vai *em direção* da estrela-guia, mas não vai *para a* estrela. Ele não quer chegar *na* estrela, mas apenas vai *em sua direção*.

Porto na estrela

Na vida interior, o que os mestres chamam de *Iluminação, Nirvana, Satori, Samadhi*, ou o que os psicólogos junguianos chamam de *Self, Totalidade, Individuação,* são direções a serem seguidas. Buscas como sabedoria, conhecimento de si mesmo, eliminação do ego, desapego, amor universal, superconsciência, e outros grandes ideais, também são indicadores de direção, exatamente como as estrelas são para os navegantes.

Todos esses ideais são pontos de luz no escuro da noite que ficam lá na frente para nos orientar, nos direcionar, nos sinalizar o caminho. Mas se a direção for encarada como meta, como *objetivo*, então ela se transforma num *objeto* de desejo, se transforma em alguma "coisa" a ser conquistada. Todo objetivo envolve um objeto, algo prático. Quando se diz "seja objetivo", isso significa "seja prático", "defina em termos concretos", "vá direto ao objeto principal". Na vida prática, os objetos são importantes; no caminho da interioridade, não.

A "coisificação" da direção e dos ideais nos desvia do caminho. Se a direção for transformada em objeto, em "coisa", ela deixa de cumprir sua função original de ser uma indicação, um *ideal*. Não podemos nos esquecer de que ideal é ideal, assim como direção é direção. O ideal não deve ser encarado como objeto concreto porque, por definição, *o ideal se contrapõe ao real*. A eliminação do ego e o desapego, por exemplo, são objetivos de muitos seguidores das várias tradições do mundo. Mas, enquanto os encararmos como objetivos (objetos), deixarão de ser direção a ser seguida e ficaremos perdidos no mesmo lugar. Se forem objetos, serão desejos do ego, serão apegos. Querer ser desapegado é um apego. Desejar não ter desejo é um desejo. No final, tudo isso é querer possuir algo, é querer transformar direção em meta alcançável. A estrela não é para ser possuída ou atingida. É para ser seguida. Ela apenas sinaliza a direção para os navegantes. Não existe nenhum porto na estrela onde eles possam atracar o navio.

Um dos grandes geradores de frustração no trabalho de crescimento interior é a incapacidade da pessoa de eliminar o ego e de se desapegar. Alguns mestres falam do desapego e da eliminação do ego com tamanha naturalidade, como se fossem objetivos atingíveis, que só faz aumentar o sentimento de inferioridade dos seguidores crédulos. As pessoas começam a se esforçar de forma sobre-humana para conseguir ser totalmente desapegadas, para extinguir o ego e assim se iluminar. Quando não conseguem atingir o objetivo – e não vão conseguir porque é humanamente impossível –, elas ficam frustradas, sentem-se menores, pouco evoluídas, e se culpam por isso. Essas pessoas não percebem que estão querendo as estrelas. Estão querendo ser perfeitas, querem atingir um ideal que é impossível de ser alcançado. Frustrar-se porque não se consegue colocar as mãos nas estrelas é insensatez. As estrelas não existem para ser tocadas. E, se as tocássemos, morreríamos carbonizados. Se tocássemos a luz máxima da iluminação, também seríamos "carbonizados".

Segundo Jung, a psique não suporta entrar em contato direto com arquétipos supremos e poderosos sem o risco de desintegrar nossa consciência.

Conforme os taoistas, nada desta vida deve ser excluído. Nem o ego. O total desapego é antinatural. Se o ego existe, ele tem alguma função, ele faz parte de um todo harmonioso. Assim, o desapego total e a extinção do ego são apenas direções, são estrelas e não metas alcançáveis. Se formos em sua direção como um ideal, conseguiremos avançar, mas, se tentarmos atingi-los de forma concreta, vamo-nos frustrar, nos sentir incompetentes e culpados. Ou enlouquecer. O equilíbrio é sempre o meio-termo. Não devemos ser escravos do ego nem eliminá-lo da nossa psique.

O tolo olha o dedo

Existe um provérbio budista que diz que, "quando o sábio aponta a Lua, o tolo olha para o dedo". Se nos preocupamos mais com o *elemento indicador* do que com a direção em si, erramos o caminho. Em vez de olhar em direção às coisas mais elevadas e profundas que estão sendo apontadas, começamos a desejar o indicador. Começamos a querer as estrelas em vez de simplesmente segui-las.

Os textos sagrados de qualquer credo e os princípios de qualquer tradição são apenas indicadores de direção. Eles apontam o caminho, mas não são as estrelas. Não são a iluminação e a transcendência em si. O domínio do conteúdo das escrituras e a erudição que vêm dos estudos formais não significam sabedoria. São apenas conhecimento. Nenhum erudito que tenha um mínimo de lucidez teria coragem de afirmar que atingiu a sabedoria. E, claro, qualquer um que se considera um sábio demonstra por isso mesmo que não é. Assim como as outras buscas, a sabedoria também é um ideal a ser seguido e não é possível atingi-la. Temos de ter cuidado para não nos iludir com o conhecimento erudito e os discursos sedutores dos falsos "gurus". Sobre o tema, Lao-Tsé, no livro *Tao Te Ching*, escreveu:

> As palavras não são bonitas;
> As palavras bonitas não são verdadeiras.
> O bom homem não discute;
> Aquele que discute não é um bom homem.
> O sábio não é erudito;
> O erudito não é sábio.

Livros, erudição, conhecimentos sobre as diversas crenças e concepções de mundo são como contatos visuais com a costa marinha. Servem para viagens perto da terra firme, mas não servem para grandes viagens no mar profundo da interioridade. São como tochas, lanternas e lâmpadas. Não são estrelas. Se os indicadores como a erudição e o conhecimento formal se transformarem em meta, então a estrela se perde. Perde-se a direção, perde-se o sentido. Ficamos à deriva em alto-mar no escuro da noite, perdidos, sem estrelas, apenas olhando os livros que boiam à nossa volta.

Apesar da inegável importância para a humanidade, o conhecimento é apenas um acúmulo de informações que são limitadas pela história e pela realidade geográfica. Idiomas e a tecnologia, por exemplo, são conhecimentos dessa natureza e muitas coisas do passado não servem mais para os nossos dias. A sabedoria, ao contrário, é um entendimento profundo que independe do tempo e do espaço. A sabedoria de quinhentos, mil ou cinco mil anos de várias civilizações do mundo continua válida ainda hoje. Conhecimento está nos livros e vai continuar sendo apenas informações enquanto a pessoa não *sentir* ou expressar em profundidade o seu significado.

Sabedoria vem do verbo *saber*, originada do latim *sapere*, que significa "ter sabor de", "ter gosto de". Ainda hoje, em Portugal e na Espanha, usam-se frases como: "Esta água sabe a sal", para dizer "Esta água tem gosto de sal". Sabedoria é sentir o gosto, é sentir o sabor, é ter a *experiência direta* de alguma coisa. Quando alguém diz que o molho de cereja é agridoce, não adianta *explicar* o que é esse sabor. É preciso colocar o molho na boca para *sentir* o que significa "agridoce". Quando a pessoa sente o sabor, aí ela *sabe* o que é agridoce. Explicações são apenas indicadores, informações, não o sabor em si. Do mesmo modo, conhecimento é apenas uma informação, um indicador, não é a sabedoria em si.

Além do horizonte conhecido

As estrelas no céu nos mostram que existem coisas muito profundas que são inalcançáveis e ultrapassam os limites humanos. Elas são realidades que nos falam do infinito, do eterno, do transcendente, não para nos frustrar ou nos diminuir, mas para tê-las como guia, para dar maior sentido à nossa vida, à nossa viagem pela existência. E, principalmente, para nos permitir navegar por mares interiores de horizontes amplos aos quais não teríamos coragem nem condições de ir se não fosse por suas orientações confiáveis e constantes.

Se os navegantes e viajantes do mundo antigo não tivessem as estrelas como guia, eles jamais teriam conseguido sair do seu pedaço de terra. Circulariam pelos mesmos territórios, não explorariam o que existia além do que era possível ver no horizonte. Nunca cruzariam os oceanos, não conheceriam terras novas, novas plantas, novos animais, culturas diferentes, enfim, a humanidade não expandiria sua mente.

Sem as estrelas, sem algo profundo que nos direcione e dê sentido à existência, ficamos no mesmo lugar, presos nas mesmas atividades cotidianas, com os mesmos pensamentos. Com o infinito, o eterno e o transcendente como parâmetros, vamos além dos pensamentos de sempre, dos sentimentos mesquinhos e egoístas, ultrapassamos os conceitos e preconceitos. Sem as estrelas ficamos sempre com a mesma óptica da vida, com a consciência e a alma limitadas. Perdemos a possibilidade de expansão, de descobrir mundos novos, misteriosos e fascinantes.

Contudo, precisamos ter a humildade de lembrar que, por sermos simples mortais, nunca chegaremos às estrelas. Mesmo assim, apesar de o bom senso nos dizer que as estrelas são inalcançáveis, a prática nos mostra que, por serem longínquas e eternas (para os parâmetros humanos), elas são guias confiáveis quando estamos no meio do oceano à noite. Quando não conseguimos enxergar nenhuma terra, nenhum porto seguro, nenhuma referência conhecida, quando não temos nada em que nos apoiar, quando perdemos a bússola, o rumo e o sentido da vida, então somente as estrelas podem nos orientar. Somente as estrelas e o que elas representam podem dar nossa verdadeira dimensão, nos colocar no devido lugar. Elas mostram que precisamos de coisas que estão fora da Terra (os astros) para nos orientar na Terra. Precisamos de coisas que estão fora da nossa vida diária (o transcendente) para orientar nossa vida.

Sem a perspectiva do eterno e do infinito, ficamos limitados às coisas passageiras e finitas. Ficamos presos às coisas periféricas que estão ao nosso alcance imediato e acabamos achando que o mundo é só isso. Mas, quando vamos sem apego na direção que as estrelas apontam, podemos ir além do horizonte conhecido. Só precisamos ter a consciência e a lucidez de perceber que as estrelas, os ideais transcendentais e a interioridade são direções e não metas.

O MOVIMENTO DO SOL É APARENTE

No dia a dia, precisamos de estabilidade e de verdades que sejam eternas e imutáveis. Sem isso, nossa vida se dissolve na indefinição, insegurança e incertezas. O navegante precisa ter certeza de que o Sol vai nascer à leste e morrer no lado oeste. Se cada dia o Sol nascesse num ponto cardeal diferente, de modo aleatório, nenhum comandante conseguiria se orientar no mar. Se o lavrador não soubesse que o Sol vai nascer todos os dias, ele não plantaria suas sementes. O nascer e o morrer do Sol têm suas funções práticas.

Porém, o Sol não nasce nem morre. Não é o Sol que nasce e morre; é a Terra que gira. O movimento do Sol é aparente.

Quando conceituamos coisas a partir do que vemos, podemo-nos enganar. Se a nossa referência for somente o que enxergamos, não conseguimos perceber o todo.

Por um lado, é natural precisarmos de referências e certezas constantes assim como o navegante e o lavrador precisam do nascer e o morrer do Sol, mas, por outro, precisamos de uma visão mais abrangente para lidar com a vida de modo mais sábio. Sem uma visão global, vamos mesmo acreditar que o Sol nasce e morre no horizonte. Vamos acreditar nas aparências.

Os anéis do tronco da árvore já haviam nos ensinado a ir para um "continente maior" e ampliar nossa percepção dos acontecimentos. Aprendemos que é importante enxergar as coisas como partes de um contexto maior e não focar apenas os detalhes. Com o movimento aparente do Sol podemos aprender a mesma coisa. Paramos de pensar a partir do que está ao alcance da visão e passamos a entender a realidade a partir do globo terrestre.

A lição mais óbvia do movimento do Sol é a de que "as aparências enganam". Podemo-nos iludir com o que vemos. Mas, na realidade, a maior lição talvez seja outra. Não são as aparências que enganam. As aparências são aparências, elas não querem nos enganar só para nos fazer de bobos e rir da nossa estupidez. *Nós é que nos enganamos.* Não é o Sol que nos engana com seu movimento, nós é que desconhecemos a realidade ou nos esquecemos dela e acreditamos que o Sol nasce de um lado e morre do outro.

Como estamos com os pés fixos no chão, então o chão se torna referência natural de tudo que acontece à nossa volta. Ainda hoje, apesar de sabermos da rotação do planeta, temos a sensação de que a Terra está parada e de que são os astros que estão em movimento. É só uma questão de referência. Relacionado com a superfície da Terra, é o Sol que se movimenta. Em relação ao Sistema Solar, é o planeta que gira num movimento gradual, expõe uma face à luz e oculta a outra na escuridão. Como os antigos não tinham este conhecimento, era de esperar que eles julgassem que a Terra era fixa e que eram os astros que se moviam.

Quando não temos conhecimento científico para nos explicar algum fenômeno, só podemos fazer suposições a partir do que percebemos pelos sentidos. Os antigos julgavam que era o Sol que se movimentava. Se eles soubessem a verdade, não fariam este falso julgamento.

Julgamento é julgamento e não a verdade

Os falsos julgamentos não ocorrem somente nas questões científicas. Em todas as situações em que não temos explicações verdadeiras nem a percepção do todo, de modo abrangente, costumamos fazer julgamentos. A conclusão a que podemos chegar com isso, é surpreendente: *só fazemos julgamentos quando não sabemos a verdade*. Ou, pior ainda, em vez de buscar a verdade, preferimos fazer julgamentos a partir das aparências. Por isso, o problema não é que as aparências enganam; o problema é que nós não sabemos a verdade e *fazemos julgamentos a partir das aparências*, e acreditamos neles como se fossem verdade.

Pode acontecer de alguns julgamentos serem confirmados pela Ciência. Nestes casos, os julgamentos deixam de ser julgamentos e viram "enunciados", viram "verdades científicas". Mas, até que sejam provados verdadeiros, os julgamentos são apenas julgamentos, são apenas suposições, são interpretações.

Contudo, mesmo que se trate de Ciência, é importante lembrar que muitas verdades científicas também já foram derrubadas por novas teorias. E nada garante que as novas verdades não sejam derrubadas no futuro.

Tanto na Ciência quanto no nosso cotidiano, não conseguimos conhecer tudo. É impossível ter informações sobre todas as situações, todas as pessoas, todos os detalhes, todos os atos voluntários e involuntários. Por mais aguçada que seja a nossa visão, só conseguimos enxergar uma parte de toda a realidade. É essa limitação natural que nos leva a fazer suposições e julgamentos.

Mas, do mesmo modo que julgamentos não são verdades científicas, as suposições sobre as pessoas e situações também não são verdades. Os julgamentos e suposições são apenas interpretações da realidade. E interpretação é interpretação, não é a verdade.

Os mestres orientais dizem que não devemos fazer julgamentos. Não só porque é uma atitude pouco elevada, mas porque nos afasta da verdade, do todo. E também porque nos separa das pessoas, das coisas mais profundas e do crescimento interior. Quando começamos a acreditar nos julgamentos, é fácil abrir as portas para preconceitos, exclusões, injustiças, mesquinharias, hostilidades e toda sorte de comportamentos de desunião, sectarismo e isolamento.

Os sábios dizem que tudo que vemos são aparências, são ilusões. Temos a ilusão de que o Sol nasce e morre, que dia é uma coisa e noite outra coisa, que o certo é uma coisa e o errado é outra. Acreditamos que existe separação entre nós e o mundo, que as coisas são permanentes, que vamos nos tornar criaturas iluminadas por meio de técnicas e leituras. Temos ilusão de que conseguiremos eliminar nosso ego, que conhecemos ou atingiremos a verdade...

Quanto mais julgamos, mais longe estamos da verdade. Quando não julgamos, estamos vazios e abertos para a verdade. E a verdade é como a estrela: inatingível para nós, criaturas humanas. Não é possível alcançar a verdade absoluta, mas podemos nos posicionar em sua direção. E não existe um caminho único para a verdade, ou melhor, não existe caminho, nós fazemos o caminho. É como disse o poeta espanhol Antonio Machado: "Caminhante, não há caminho; faz-se caminho ao andar". Só temos o processo, a direção. Não existem um caminho fixo nem um resultado preestabelecido. Não chegaremos às estrelas, não atingiremos a verdade, especialmente se tivermos como base os julgamentos.

O empregado "folgado"

Quando acreditamos nas aparências e nos julgamentos, acabamos agindo em função de ilusões. Nossa mente entende tudo que os sentidos percebem como evidências da verdade. E, quando temos tanta certeza, nossa consciência sente-se coberta de razão, por isso não se dá ao trabalho de ter uma visão mais ampla, não procura ver o outro lado da questão. O julgamento é um ponto cego da mente. Ele desconsidera toda e qualquer possibilidade de resposta que não tenha origem no que vemos, ouvimos e sentimos.

Um mestre taoista, para ilustrar este assunto, contou a seguinte história: no escritório de uma empresa, trabalhavam 10 funcionários. Um dia, o patrão passou pelo escritório e viu que um empregado lia jornal enquanto os outros trabalhavam arduamente. Como o patrão estava com pressa, resolveu que falaria com o funcionário em outra oportunidade.

Dias depois, ao passar pelo escritório de novo, percebeu que aquele mesmo empregado, em vez de trabalhar, tomava café na sala ao lado. Os demais funcionários da sala estavam compenetrados no serviço. O patrão não gostou do que viu, mas como um cliente muito importante fazia uma visita à empresa achou que seria uma cena desagradável chamar a atenção do empregado naquela hora. Na correria do dia, acabou por esquecer o fato.

No dia seguinte, este mesmo funcionário, estava numa animada conversa com a copeira em horário de expediente. Aí, o patrão não teve dúvidas: demitiu o rapaz. Ele era um mau exemplo para a equipe. A demissão era justificada.

Nas semanas seguintes, aconteceu um fato inesperado. A produtividade do escritório caiu muito e os funcionários tiveram de fazer horas-extras para colocar o serviço em dia. Isso aumentou demais o custo do trabalho. O patrão não tinha explicação para a queda da produção e foi investigar os motivos. Chamou um especialista em produtividade e descobriu o que aconteceu. O rapaz que ele demitiu era muito mais eficiente e rápido no cumprimento de suas tarefas do que os outros funcionários. Ele acabava o seu serviço com muita rapidez e tinha de esperar que os outros terminassem a parte deles para poder dar continuidade às suas tarefas. Enquanto isso, ele lia jornal, tomava café ou conversava com a copeira. Os outros funcionários que não eram tão eficientes sempre tiveram de se esforçar mais para dar conta do serviço. Quando o rapaz foi demitido, os outros tiveram de assumir as funções dele (com menos eficiência) e só conseguiram entregar o trabalho no prazo com horas-extras.

Nesta história, o patrão agiu com lógica a partir do que viu. Só que, apesar de todas as evidências, houve um equívoco. O que ele viu e concluiu não correspondia à verdade. Na vida, muitas vezes, a verdade está além dos nossos sentidos e da nossa limitada capacidade de apreender a realidade das situações. Aparências não são suficientes para concluir algo e muito menos para tomar decisões.

Como tudo tem dois lados, existe mais do que uma resposta para uma mesma questão. Tudo tem *yin* e *yang*, tudo é certo e errado, tudo tem uma parte visível e uma parte invisível. Numa visão global, as respostas são ao mesmo tempo contrárias e lógicas, falsas e verdadeiras, infundadas e coerentes. Uma resposta não exclui a outra. Julgar é ver apenas um lado da questão e adotar esta visão parcial como verdade.

Se não tomarmos o cuidado de analisar as situações sem ideias preconcebidas, sem nos deixar levar pelas aparências, podemos prejudicar pessoas inocentes. Somente a imparcialidade e a abertura interior para investigar as questões por ângulos diferentes são capazes de reduzir o poder cegante dos julgamentos.

Para o bem e para o mal

É comum as pessoas rotularem as outras a partir de certos comportamentos e atitudes, ou seja, a partir do que veem. Se uma mulher casada chega tarde da noite em casa, se veste um modelo que valoriza seu corpo, se volta de carona com um homem desconhecido, os vizinhos e parentes vão logo fazer julgamentos. Podem achar que ela é "sem-vergonha" ou está "chifrando" o marido. Se um profissional não é competitivo, se ele não usa roupas de marca, não possui um carro caro, não faz campanha para ganhar visibilidade, é considerado *low profile*, acomodado, ineficiente, incompetente. Se um empregado costuma fazer mais do que é solicitado, os outros o chamam de "puxa-saco" e "otário". Se uma mulher é prática, racional, tem atitudes firmes, decididas, e costuma cobrar satisfações, ela é considerada "sapatão". Adjetivos pesados, grosseiros e preconceituosos como esses, assim como "corno-manso", "galinha", arrogante, vendido, burro, infantil, insensível, manipulador, são julgamentos que ouvimos com certa frequência em rodas sociais. Mas, como só fazemos julgamentos quando não conhecemos a verdade, é melhor não dar ouvidos ao que dizem a respeito das outras pessoas. Se não sabemos toda a verdade, então não convém fazer julgamentos. Mesmo que soubéssemos de toda a verdade (o que é impossível), não mudaria nada, também não nos caberia fazer julgamentos sobre ninguém.

Julgar é separar. No julgamento, as pessoas procuram ver a diferença que separa e não o ponto essencial em comum. Julgar é uma forma inconsciente de autovalorização em detrimento do outro. É querer se sentir superior ao outro, é uma forma de afirmar que se está acima das falhas alheias. Enquanto julgarmos e acreditarmos nas aparências, não teremos condições de entender o que acontece. Se uma pessoa julga que é o Sol que se movimenta porque é assim que os seus olhos veem, e não aceita que é a Terra que gira, então ela terá dificuldades para transcender seus julgamentos e convicções. Vai continuar a defender o seu ponto de vista limitado, em detrimento da verdade. Valorizará apenas os seus sentidos e achará um absurdo todos os argumentos contrários. Assim como o conhecimento da rotação da Terra pode desfazer as aparências, a compreensão ampla da realidade também pode impedir ou minimizar a formação de julgamentos.

Convém lembrar que julgamentos são conceitos. Julgar não significa apenas criticar ou falar mal de alguém. Julgar é *ter um conceito* sobre alguém ou alguma coisa, para o bem e para o mal. Também podemos nos enganar com aparências como modéstia, sabedoria, humildade, generosidade, gentileza, simplicidade, calma, elevação, integridade, honradez, honestidade, entre outras qualidades.

Uma pessoa pode se esforçar para parecer modesta só para se sentir elevada e superior. Ou pode querer ser bondosa e caridosa porque são qualidades valorizadas em seu meio e rendem reconhecimento social. Em todos estes casos, o que acontece é que a pessoa quer passar uma imagem para ser o que não é. O querer é maior do que a realidade. A pessoa "quer" ser (ou parecer) boa, "quer" ser (ou parecer) caridosa. Ela não é, ela *quer*.

E, assim como podemos nos enganar com o movimento aparente do Sol, também podemos nos enganar com os movimentos calculados de modéstia, bondade, caridade e quaisquer outras qualidades que uma pessoa deseja alardear.

O planeta Terra e o Sol não fazem alarde de nada. Não se preocupam em fazer "marketing pessoal". Eles seguem sua natureza e fazem tudo sem segundas intenções. O Sol não quer enganar ninguém. A Terra não espalha aos quatro ventos que é ela que gira. Nós é que acreditamos nas aparências, nos gestos premeditados, nas palavras bonitas, nas fofocas, nas intrigas, nos julgamentos, nas qualidades que as pessoas propagandeiam. Uma pessoa sábia não se deixa enganar quando alguém afirma algo como: "Eu sou uma pessoa bondosa", "Eu sou humilde", "Eu sou um mestre espiritual", "Eu li tudo sobre esse assunto" e coisas do gênero. O sábio chinês Wen-Tsé disse: "Aquele que sabe não fala; aquele que fala não sabe". Afinal, quem é sábio, bondoso, modesto ou humilde, é porque é. Nunca é porque "quer" ser, porque diz que é ou porque quer aparentar.

Como os julgamentos podem nos enganar, nos levar a fazer críticas destrutivas e a acreditar nas falsas qualidades das pessoas, o melhor é não dar crédito às aparências. A postura do sábio é a da receptividade neutra, é a de permanecer vazio e aberto às situações e às pessoas. Sem fazer julgamentos.

A LUZ DO SOL INCIDE SOBRE TUDO

Durante o dia, numa paisagem campestre, a luz do Sol incide sobre a montanha, as nuvens, o rio, as árvores, as vacas, a casa, o camponês, enfim, sobre tudo. Essa incidência da luz solar que acontece ao mesmo tempo sobre todas as coisas pode ser chamada de "incidência simultânea" ou "co-incidência". Em paralelo a isso, cada evento por si só é um incidente, uma incidência, uma ocorrência. O Sol é uma ocorrência. A montanha é um incidente, ela simplesmente está lá. As nuvens estão lá, é uma simples incidência. O rio existe, é um acontecimento acidental. O camponês construiu a casa ao lado do rio. É um fato em si. Por acaso, as vacas estão naquele local. É algo fortuito. Cada uma das coisas já existia ou estava em seu lugar quando a paisagem foi observada. A existência e a incidência simultânea desses eventos são uma coexistência e também uma "co-incidência".

A vida é como a paisagem com a incidência simultânea da luz do Sol sobre todas as coisas. Tudo já existe. E todas as coisas que existem agora existem ao mesmo tempo. Todas as coisas e todos os eventos são incidências simultâneas. O Sol, as árvores, as nuvens, este livro em suas mãos, os sons que você está ouvindo, a criança que está brincando no outro lado do planeta, a pulga que está sugando o sangue do gato do vizinho, tudo isso são incidências. É só a realidade como se apresenta neste instante. Com isso, podemos entender que tudo já é "co-incidência" ou, para usarmos a palavra da forma correta, tudo já é "coincidência".

Bilhões e bilhões de eventos, incidências, pessoas, sentimentos, átomos, energias, planetas, estrelas e, quem sabe, universos existem e estão acontecendo neste exato momento. Tudo isso forma uma coisa só, uma única realidade. Os infinitos eventos que existem e acontecem neste instante, que podem ser conhecidos ou não, estão direta ou indiretamente conectados. Tudo está ligado pelo momento presente e pelo espaço físico onde tudo e todos nós existimos. Tudo está ligado neste tempo-espaço da realidade. Os sábios diziam que, "quando se empurra a mão espalmada para a frente, empurra-se tudo até o fim do universo". Se tudo faz parte do universo, não existe nada que não interfira, de algum modo, no universo.

Edward Lorenz, professor de Ciências da Atmosfera, apresentou uma ideia semelhante no âmbito da Teoria do Caos e da Complexidade. Ele elaborou um modelo conhecido como "dependência sensível das condições iniciais" que foi difundido nos meios especializados pelo apelido de *efeito borboleta*. Segundo esse modelo, ações insignificantes podem gerar enormes efeitos a longo prazo. Lorenz afirmou que "uma pequena perturbação tão fraca quanto o bater de asas de uma borboleta pode, um mês depois, ter um efeito considerável, como o desencadeamento de um ciclone, em razão de sua amplificação exponencial, que age sem cessar enquanto o tempo passa". Se todo e qualquer acontecimento fosse isolado de tudo, nada iria interferir em nada. Mas, como os orientais dizem que tudo é uma coisa só, então tudo interfere em tudo até o mais longínquo canto do universo. Tudo na Natureza está interconectado numa rede infinita e forma um tecido único que é a realidade em que vivemos, quer essa realidade (ou fragmentos dela) tenha sido explicada pela Ciência ou não.

Quando cada um de nós nasceu, já estavam ocorrendo infinitos eventos no mundo. Os eventos já incidiam ao mesmo tempo em bilhões de conexões – visíveis e invisíveis – por todo o universo. A Terra já girava, as estrelas brilhavam, os rios corriam para o mar, os países tinham suas línguas. Já existiam os sexos masculino e feminino, os dinossauros tinham sido extintos, as instituições tinham seus dogmas, o ecossistema estava formado. O coração já pulsava, os elétrons giravam em torno do núcleo, existiam ricos e pobres, Oriente e Ocidente. Já havia perereca e ornitorrinco, jabá e rapadura, olhares e sorrisos, amor e paixão, flores e poesia. Quando nascemos, já encontramos tudo isso e tudo funcionava de acordo com as leis naturais ou humanas. Nascemos em determinada circunstância, com estruturas e configurações preexistentes. Simplesmente é assim. Tudo na Natureza é como é. Todas as coisas já são coexistências, "co-eventos" e "co-incidências".

Coincidências no I Ching

O *I Ching* – *O livro das mutações* é um texto da sabedoria chinesa (e da humanidade) conhecido há milhares de anos como instrumento de reflexão e compreensão profunda das situações da nossa vida. Por isso sempre foi usado com muita reverência por todos os que o procuram para obter aconselhamentos sábios nas tomadas de decisão.

Existem oito símbolos básicos no *I Ching*: céu, terra, trovão, água, montanha, vento (ou madeira), fogo e lago. Na consulta ao *I Ching*, são sorteados dois desses símbolos para formar uma imagem, por exemplo, um lago sobre a montanha. É como se fosse uma paisagem natural. No total, existe a possibilidade de formar 64 "paisagens" com a combinação dos oito símbolos básicos (8 x 8 = 64). Essas 64 "paisagens" correspondem a 64 situações típicas da Natureza e, por extensão, da vida humana, já que o ser humano também faz parte da Natureza.

Segundo os mestres chineses, a "paisagem" formada pelo encontro e pela inter-relação de dois símbolos básicos do *I Ching* é um retrato metafórico da situação da pessoa que pede uma orientação (consulente). Podemos dizer que os elementos da Natureza que foram sorteados coincidem simbolicamente com as circunstâncias pessoais que o consulente vive no momento da consulta. E, quando se conhece o modo de agir da Natureza, é possível extrair uma orientação sábia de como proceder diante da situação retratada. A orientação que recebemos do *I Ching* não é nada menos do que um conselho para agir de acordo com a Natureza. Os taoistas entendem que, se o consulente aplicar as mesmas leis da Natureza na situação pessoal que motivou a consulta, ele estará sendo sábio.

Um exemplo pode deixar a explicação mais clara. Uma moça estava estressada por causa dos ciúmes e da competitividade de suas colegas de serviço e perguntou ao *I Ching* como deveria proceder para lidar melhor com a situação. No sorteio dos símbolos, apareceu a imagem do fogo debaixo da terra. Nesse caso, o fogo é associado ao Sol. Então, a imagem é o Sol debaixo da Terra, ou seja, o Sol se pondo. O *I Ching* mostrava que a situação da moça correspondia ao Sol que se escondia no horizonte. A interpretação da resposta seria: na Natureza, o Sol não fica sempre no céu, ele também se recolhe. O momento é de se recolher, de ir para debaixo da Terra como o Sol no final do dia. Se a consulente ficar exposta e tiver muita visibilidade quando o momento é de ficar recolhida, pode ocorrer exaustão, uma situação em que ela pode se sentir esgotada. O fato de ela ficar em evidência neste momento tem provocado a hostilidade das outras pessoas. O melhor, por enquanto, seria se manter discreta. Em si, essa atitude de recolhimento não significaria prejuízo nenhum já que o Sol sempre volta a brilhar.

Nessa resposta, o *I Ching* apontou qual é a relação entre os símbolos da Natureza e a situação pessoal da consulente. Ao mesmo tempo, mostrou qual seria o comportamento mais sábio diante da situação. Explicou que o Sol não fica sempre exposto e que, por causa das circunstâncias, seria melhor que a consulente não ficasse sempre em evidência. Pelo menos neste momento, seria melhor ela ocultar seu brilho.

A experiência de estar vivo

Uma pessoa racional e cientificista poderia questionar: "O que tem que ver o sorteio dos símbolos com a situação que eu estou vivendo agora?" Um mestre taoista ficaria surpreso com a pergunta e responderia com outra pergunta: "Como o sorteio dos símbolos *não teria que ver* com a situação que você está vivendo?" Para um taoista, a pessoa que consulta o *I Ching* é um ser humano que existe dentro do universo. Os sentimentos e os pensamentos que essa pessoa tem fazem parte dela e, portanto, fazem parte do universo. Os eventos que ela vive no momento são coisas que acontecem dentro do universo. O *I Ching* existe dentro do universo. O sorteio dos símbolos também é um evento que acontece dentro do universo. Na cosmovisão oriental, tudo faz parte do universo, está inter-relacionado e forma uma única realidade. Assim, todos os eventos internos e externos à pessoa estão interconectados, tudo já é coincidência, e, por isso, é inconcebível para a mente do sábio oriental que o sorteio dos símbolos e a situação da pessoa não tenham conexão.

Se alguém perguntasse por que a paisagem tem montanha, rio, árvores, casa, camponês e nuvens, uma pessoa de Ciência daria uma resposta quilométrica. Ela discorreria sobre o ciclo das águas, a formação da Terra, o deslocamento das placas tectônicas, o enrugamento e a erosão da superfície. Apresentaria explicações sobre botânica, densidade demográfica, fixação do homem no campo, ocupação do solo, urbanização, tudo recheado de gráficos, tabelas, fórmulas, equações matemáticas, enunciados científicos, nome dos pesquisadores, datas. Já os mestres diriam que a paisagem tem montanha, rio, árvores, casa, camponês e nuvens porque tem. Porque é assim que a paisagem é. Eles dispensariam as explicações lógicas e apenas contemplariam a paisagem. Ficariam encantados com a beleza e a perfeição da Natureza e se sentiriam gratos por tudo aquilo existir naquele momento. Essa postura de reverência faz que eles se sintam conectados ao todo e experimentem profundamente o que é unicidade. De acordo com o conceito de unicidade, todos os eventos internos (como as preocupações do consulente) e externos (como o sorteio dos símbolos do *I Ching*) são indissociáveis. Tudo faz parte do mesmo evento e da mesma experiência.

Os sábios orientais preferem a *experiência* da vida e não as *explicações* sobre a vida. Eles intuem o todo, o universo, e entendem que todas as coisas se organizam a partir dessa realidade total. Eles não veem o Sol, a montanha, o rio, as nuvens e o camponês como realidades isoladas. Percebem que a luz do Sol incide sobre todas as coisas, que tudo forma um conjunto organizado, que todas as coisas coexistem e formam uma única coincidência, uma única experiência. O compositor e cantor Caetano Veloso fala disso quando canta os seguintes versos:

E a coisa mais certa de todas as coisas
Não vale um caminho sob o Sol
E o Sol sobre a estrada
É o Sol sobre a estrada
É o Sol!

Nem mesmo a morte, "a coisa mais certa de todas as coisas", pode ser considerada mais importante do que estar vivo, do que sentir na pele a luz e o calor do Sol enquanto caminhamos pela estrada que é a vida. Nada vale ser discutido ou explicado, nem a morte. O que vale é a vida. E, assim como "o Sol sobre a estrada é o Sol sobre a estrada, é o Sol", a experiência de estar vivo é a experiência de estar vivo, é a Vida. No fundo, só precisamos viver, desfrutar, nos maravilhar e agradecer a coexistência das coisas, a coincidência de tudo.

Coincidências são experiências e não explicações.

Necessidade, circunstância e significação

O termo *coincidência* pode ser usado tanto para valorizar quanto para desmerecer um evento inusitado. Para desmerecer um acontecimento, a pessoa que não acredita em nada que não seja científico diria: "Ah, isso é só uma coincidência". Uma pessoa que acredita em coisas que estão além das explicações científicas ficaria encantada com a ocorrência e diria: "Nossa! Que coincidência!" Uma mesma situação pode suscitar duas reações contrárias. O curioso é que ambas as pessoas usam a mesma palavra ("coincidência") para explicar o evento, só que com juízo oposto de valor. Isso mostra que, no fundo, de um jeito ou de outro, o evento é uma coincidência. A diferença é que a pessoa racional diria: "Tem coisas que acontecem por mero acaso", e a pessoa que acredita em verdades que transcendem a Ciência diria: "Nada acontece por acaso".

Para o sábio, brigar por qualquer uma dessas posições é perda de tempo. Como já foi visto, numa visão abrangente, não se defende que *ou* é isso *ou* é aquilo, mas se entende que tudo é isso e aquilo. Para a visão pragmática do sábio chinês, o que importa é que eventos inusitados acontecem e sempre vão ser "coincidências", e coincidências são coincidências, não importa se é por acaso ou se não é por acaso. Não importa se a postura seja a de dizer: "É só coincidência!" ou "Nossa, que coincidência!!", o fato é que as coisas acontecem como acontecem, com ou sem explicações científicas ou metafísicas. As explicações vão ser apenas conceitos e não a verdade absoluta. O Sol incide ao mesmo tempo na montanha, no rio, nas nuvens, nas vacas, na casa, no camponês, simplesmente porque incide e essa é a realidade, com ou sem explicações vindas das ciências ou de crenças extracientíficas.

Dizer "coincidência" não é nada diferente de dizer a palavra *ali* como no exemplo do vaso e da caixa. Em vez de dizer "direito" ou "esquerdo", que são apenas conceitos, diz-se apenas "ali". Porque "ali" é direito e esquerdo ao mesmo tempo. Em vez de dizer "acaso" ou "não acaso", que são apenas conceitos, diz-se "coincidência". Daí, podemos dizer que coincidência é acaso e não acaso ao mesmo tempo. "Ali" é simplesmente "ali". Coincidência é simplesmente coincidência. Para os taoistas essas constatações bastam.

O pensamento ocidental, no entanto, sente necessidade de especular sobre o fenômeno da coincidência por meio da racionalidade. Isso acontece, em parte, porque, vez ou outra, tanto as pessoas crédulas quanto as pessoas céticas passam por eventos de coincidências surpreendentes. Os crédulos falam que "o universo conspira" para que tais eventos ocorram. Os céticos não têm nenhuma explicação a não ser o "acaso", mas mesmo assim sentem que existe "algo de estranho" nessas ocorrências.

Em alguns casos, a incidência simultânea de dois fenômenos ligados pelo significado mas sem explicações em termos de causa-efeito pode causar um grande efeito psicológico. A vida é feita de "co-incidências", mas algumas coincidências provocam uma surpresa maior do que o usual. Às vezes, podem provocar até um choque desnorteante, um efeito de algo transcendente. Jung chamava esses eventos mais impactantes de *coincidências significativas* ou efeitos de *sincronicidade*.

Jung não "explica" o fenômeno, apenas constata sua existência, mostra suas características e suas correlações com a psique humana. Ele fala principalmente do efeito que esses eventos causam no interior das pessoas. Sincronicidade não é um "mecanismo mágico" que gera determinada situação, mas o efeito psicológico que a situação provoca por causa da correspondência inexplicável entre dois eventos distintos. Sincronicidade é, em essência, uma atribuição de significado especial, uma valoração significativa para uma coincidência.

A atribuição maior de significado a determinada realidade acontece em razão das *necessidades interiores* e das *circunstâncias* da pessoa. Por exemplo, uma moça nunca deu importância a um modelo específico de carro, nem reparou que existiam carros vermelhos neste modelo. Ela já deve ter visto centenas de carros deste modelo e cor e isso nunca teve qualquer significado. Não havia nenhuma circunstância especial para que isso acontecesse. Um dia, ela começou a namorar um rapaz que tinha um carro desse modelo na cor vermelha. A partir daí, as coisas mudaram. A qualquer momento, quando avistava um carro com essas características, ela ficava em estado de alerta. No íntimo, ela gostaria de encontrar-se "acidentalmente" com o namorado pelas ruas da cidade. A circunstância e a necessidade fizeram que o carro vermelho ganhasse significado. Em outro caso, um executivo nunca notou as placas de "aluga-se" em pontos comerciais de sua cidade. Mas um dia, quando resolveu abrir um negócio próprio e começou a procurar um ponto, ele ficou espantado com a quantidade de imóveis que estavam disponíveis para alugar. Como no caso anterior, a necessidade e a circunstância do momento deram significado a esse fato; no entanto, os mesmos imóveis sempre estiveram para alugar antes de ele começar a procura.

Nesses exemplos, a moça, o rapaz, o namoro, o carro vermelho, o desejo de encontrar o namorado, o executivo, as placas de "aluga-se", a vontade de abrir um negócio e a procura de um ponto eram simples incidências. O namoro e o desejo de encontrar o namorado pelas ruas da cidade, bem como a vontade de abrir um negócio e a procura de um imóvel, são circunstâncias e necessidades específicas. O estado de alerta da moça e o espanto do executivo são efeitos significativos das circunstâncias e das necessidades.

É por meio desse mesmo princípio de circunstâncias e necessidades interiores que algumas "co-incidências" podem ganhar significados maiores e mobilizar nosso psiquismo.

Contato com o Sábio Interior

Segundo Jung, o inconsciente cria predisposições para a ocorrência dos efeitos de sincronicidade. Todos nós temos necessidades interiores para o equilíbrio da psique e muitas vezes elas não são percebidas pela consciência. Isso acontece porque a consciência não tem acesso a todos os nossos conteúdos e necessidades inconscientes. Ao mesmo tempo, todos os acontecimentos interiores e exteriores já estão acontecendo, ou seja, as circunstâncias externas e internas estão acontecendo como sempre aconteceram. As incidências estão sempre "incidindo". Quando ocorre um encontro inesperado e "providencial" entre uma necessidade interior e uma circunstância externa, o efeito é não só de uma "co-incidência", mas de uma *coincidência significativa*, uma sincronicidade. Quanto maior for a necessidade interna e quanto mais a circunstância externa corresponder a essa necessidade, ou vice-versa, maior será o impacto dessa coincidência, maior será o efeito da sincronicidade.

Toda essa discussão a respeito da sincronicidade e da coincidência significativa não faz parte das preocupações do Taoismo. É a nossa mente racional que precisa de explicações. Os sábios orientais sabem por intuição que todas as coisas já são coincidentes, coexistentes, inter-relacionadas e essa realidade basta por si só. Na visão deles, é natural que as "co-incidências" e as coincidências significativas aconteçam. Não há como não acontecer.

Eles não explicam os efeitos sincronísticos, apenas vivenciam os mistérios das coincidências como eventos que ocorrem dentro do universo e, portanto, são regidos pelas leis da Natureza. Para os antigos mestres, tudo isso é como o Sol que incide sobre todas as coisas ao mesmo tempo, um fenômeno natural.

Se usarmos a linguagem junguiana, podemos dizer que o *I Ching* funciona, em relação ao efeito, fundamentado no princípio da sincronicidade. De fato, quem passa pela experiência de uma consulta com esse milenar livro de sabedoria no geral sente o efeito da coincidência significativa e reconhece que as orientações que recebe são pertinentes.

O *I Ching* e o efeito de sincronicidade são exemplos práticos da conexão entre os mundos físico e psicológico. É uma demonstração empírica de que existem "co-incidências" não só entre o Sol, a montanha, o rio, a casa, a árvore e o camponês, mas também entre estados interiores inconscientes e eventos externos. São essas coincidências que dão validade ao *I Ching* como instrumento de exploração do nosso mundo inconsciente.

No entanto, é importante ressaltar que, no fundo, ao se procurar um especialista em *I Ching*, não é o consultor nem o livro que dão as respostas, mas a própria pessoa que faz as perguntas. Como a consulta ao *I Ching* é uma forma de contato com o lado inconsciente da psique, é o Eu Superior inconsciente ou o Sábio Interior do próprio consulente que responde às perguntas. A função do consultor é a de interpretar as respostas. O *I Ching* e o consultor são apenas um meio, um canal, um veículo, uma ponte entre o consulente e o próprio consulente.

Diante disso, podemos perceber que o *I Ching*, mais do que uma forma de "adivinhação", é um livro de sabedoria, um instrumento de conhecimento de si mesmo, de desenvolvimento pessoal e de reflexão. Há milhares de anos, o *I Ching* tem sido uma fonte de ensinamento, de inspiração e de paz interior para os povos orientais. E, desde o começo do século XX, com o surgimento das primeiras traduções em línguas ocidentais, esse texto tem despertado grande interesse entre os intelectuais, filósofos, cientistas, psicólogos e estudiosos que procuram integrar o ser humano às realidades mais profundas.

Para os taoistas e para todas as pessoas que buscam o crescimento interior, a Natureza e o *I Ching* são existências coincidentes e inseparáveis. A intenção do *I Ching* é a de nos apontar o caminho da sabedoria a partir das imutáveis leis da Natureza. Assim como o Sol incide sobre todas as coisas, o *I Ching* joga luz sobre todas as situações da nossa vida por meio das coincidências significativas. E, assim como o Sol incide sobre todas as coisas, a sabedoria da Natureza está presente em todos os lugares e também pode iluminar nosso interior e nosso caminho.

* * *

Se, como acreditam os taoistas, tudo no universo está interconectado, então o fato de você ter tido contato e lido o livro que está em suas mãos também pode ser considerado uma "co-incidência". O autor só espera que, pelo encontro das circunstâncias e das necessidades, a leitura do livro tenha sido uma experiência significativa. No mínimo, que tenha conseguido ser uma boa semente ou uma água refrescante na sua alma.

Felicidades!

Leituras recomendadas

BLOISE, Paulo Vicente. *O Tao e a psicologia*. São Paulo: Angra, 2000.

CAPRA, Fritjof. *O Tao da física: um paralelo entre a física moderna e o misticismo oriental*. 18. ed. São Paulo: Cultrix, 1998.

DREHER, Diane. *O Tao da paz: guia para a paz interior*. 10 ed. Rio de Janeiro: Campus, 2001.

FROMM, Erich; SUZUKI, D. T.; MARTINO, Richard de. *Zen-Budismo e psicanálise*. São Paulo: Cultrix, 1970.

GRANET, Marcel. *O pensamento chinês*. Rio de Janeiro: Contraponto, 1997.

JUNG, C. G. *Psicologia e religião oriental*. 5. ed. Petrópolis: Vozes, 1991.

_____. *O segredo da flor de ouro: um livro de vida chinês*. Petrópolis: Vozes, 2001.

MARKERT, Christopher. *Yin-Yang: polaridade e harmonia em nossa vida*. São Paulo: Cultrix, 1987.

MERTON, Thomas. *A via de Chuang Tzu*. Petrópolis: Vozes, 1984.

TSÉ, Lao-. *Tao Te King*. 3. ed. São Paulo: Attar, 2001.*

---

* Existe mais de uma dezena de edições diferentes deste livro em português, mas o da Attar traz uma introdução profunda e enriquecedora. O título "Tao Te King" é grafado de forma variada como "Tao Te Ching", "Dao De Jing", e o nome do filósofo Lao-Tsé também é grafado de várias formas como Lao Tsé, Lao-Tzu, Laozi, mas trata-se do mesmo livro e do mesmo autor.

WATTS, Allan W. Tao - *O curso do rio*. 2. ed. São Paulo: Pensamento, 1997.

WILHELM, Richard. *I Ching - O livro das mutações*. Prefácio de C. G. Jung. 17. ed. São Paulo: Pensamento, 1996.

YUTANG, Lin. *A importância de compreender*. São Paulo: Círculo do Livro, 1981.

_____. *A importância de viver*. 10. ed. Porto Alegre: Globo, 1986.

_____. *Sabedoria da China e da Índia - Uma antologia dos tesouros das duas grandes literaturas orientais*. Rio de Janeiro: Irmãos Pongetti, 1945.

Contato com o autor:
e-mail: sabedoriadanatureza@gmail.com
site: www.robertootsu.com